Einsteins beste Idee

Uschi Zietsch

Die Deutsche Bibliothek – CIP-Einheitsaufnahme

Ein Titeldatensatz für diese Publikation ist bei
Der Deutschen Bibliothek erhältlich
Tiere, Freunde fürs Leben – Bd. 5: Einsteins beste Idee
ISBN 3-89748-303-3

*Dieses Buch wurde auf chlorfrei
gebleichtem Papier gedruckt.*

In neuer Rechtschreibung.

© 2000 by Dino entertainment AG
Rotebühlstr. 87, 70178 Stuttgart
Alle Rechte vorbehalten
Redaktion: Martina Patzer
Umschlaggestaltung: baumann & friends, München
Umschlagfoto: Okapia Bildarchiv
Bildstreckenfotos: Juniors Bildarchiv
Stickerfotos: Tierbildarchiv Angermayer; Info Hund;
Juniors Bildarchiv; Save-Bild; Schanz; Silvestris; Sorrel
Satz: Greiner und Reichel, Köln
Gesetzt in Sabon Roman, 11,5p
Druck und Bindung: GGP Media GmbH, Pößneck

ISBN 3-89748-303-3

**Dino entertainment AG im Internet: www.DinoAG.de
Bücher – Magazine – Comics**

Der klügste Hund der Welt

„Nein, Einstein! Nicht schon wieder! Ach, du dummer Hund!"

„Wiff?" Was denn? Was soll ich denn jetzt schon wieder getan haben?

„Aber Nina, wie kann denn ein Hund, der Einstein heißt, dumm sein? Das war immerhin mal der klügste Mann der Welt, der …"

„Ach Opa, schau dir doch die Sauerei an!"

Ach so, das meint sie. Na ja, ich gebe zu, es ist nicht der beste Platz, so mitten im Wohnzimmer. Sonst hat Mama unsere Häufchen immer beseitigt. Aber nun ist mein neues Zuhause bei Nina, und ich muss mir selbst einen Platz dafür suchen. Dabei kenne ich mich hier doch noch gar nicht aus. Dass ich gleich beim Hereinkommen eine winzigkleine, fast unsichtbare Pfütze hinterlassen hab, dafür konnte ich wirklich nichts. Schließlich ist so ein Umzug eine mächtig aufregende Sache. Und jetzt bekomm ich schon wieder Ärger! Dabei war Nina so froh, als sie mich abholen durfte, sie hat auf dem ganzen Rückweg vor sich hin gesungen.

„Ist doch nicht so schlimm", besänftigt sie der Opa. Er hebt mich hoch auf seinen Arm. Mhmmm, schön, von hier oben habe ich einen prima Überblick, besser, als immer nur zwischen den vielen Menschenbeinen durchzugucken. Wiff, jetzt knuddelt mich der Opa auch noch.

Klein genug dazu bin ich ja, gerade mal zwölf Wochen alt. Aber mein Fell hat immerhin schon die schöne goldene Farbe, der wir Golden Retriever unseren Namen verdanken.

„Opa, wenn du ihn jetzt belohnst, lernt er's doch nie!", schimpft Nina nun mit ihrem Opa.

Dabei ist er schon ein großer Mann mit langen Armen und Beinen – und er trägt eine weiche Jacke, in die ich mich gemütlich hineinkuscheln kann. Allerdings hat er nicht mehr viele Haare auf dem Kopf, nur so ein paar weiße, lustig herumstehende Strähnen. Er riecht interessant, nach vielem Verschiedenen, das ich nicht kenne. Ich hab ihn gleich von Anfang an gemocht, obwohl er so viel größer ist als ich. Wenn man so klein ist wie ich, muss man nämlich immer aufpassen, nicht versehentlich unter die Füße der Großen zu geraten.

Mein neues Frauchen aber ist Nina, das hat sie mir beim Abholen erklärt. Wenn sie nicht gerade mit mir schimpft, ist sie sehr lieb. Sie ist zehn Menschenjahre alt und wird sicher auch bald so groß und schlank wie ihr Opa sein. Sie trägt ihr langes dunkles Haar zusammengebunden, das fast wie mein Schwanz herumwirbelt, wenn sie den Kopf heftig bewegt. Ihr Gang ist schnell und federnd. Ich kapiere ja nicht, wie diese Zweibeiner das machen, ohne hinzufallen. Ich hab mal versucht es nachzumachen und mir dabei beinah den Schwanz umgeknickt.

Ninas helle Augen blitzen mich immer noch an und ich senke unwillkürlich die Nase.

„Ich kann doch nichts dafür", verteidige ich mich. „Ich musste halt." Also, ich finde nicht, dass man so ein Gedöhns drum machen muss. So was passiert, na und?

Opa lacht. „Ich glaube, er weiß genau, worum es geht. Von wegen dummer Hund!" Er hebt mich hoch vor sein Gesicht und schüttelt mich, dass meine Schlappohren nur so schlackern. „Du kleiner Racker wirst es schon lernen. Dein Frauchen ist nur ungeduldig."

Er setzt mich wieder auf den Boden, ich traue mich aber noch nicht vom Fleck und warte erst mal ab. Nina beseitigt das Ärgernis für mich, wie Mama es früher gemacht hat. Das war eigentlich immer sehr angenehm. Aber ich glaube, ab jetzt ist Schluss damit.

„Das darfst du nicht!", droht mein Frauchen mir mit dem Finger und deutet dann auf den

Teppich, der noch letzte Spuren zeigt. „Nur im Garten!"

Sie nimmt mich und trägt mich hinaus. „Hier gehst du Gassi!", sagt sie streng. Ich schaue zu ihr hoch. Ich blicke überhaupt nicht durch, was sie von mir will. Aber irgendwann werden wir uns schon verstehen.

Nina scheint das auch zu glauben, denn plötzlich lacht sie los. „Du bist soo süß!"

Na bitte!

Mein neues Zuhause ist ziemlich groß, mit mehreren Etagen. Es ist gar nicht einfach, mit meinen kurzen Beinchen diese Flure und Zimmer zu erkunden. Puh, ist das anstrengend, aber Nina will mir unbedingt alles zeigen. Wir fangen beim Eingang an. Wenn man geradeaus durch den Flur geht, kommt man ins Wohnzimmer, links ist die Küche, und rechts führt eine Treppe nach oben. Als ich versuche die erste Stufe zu erklimmen, rutsche ich ab und falle auf die Nase. Also noch mal! Ich nehme Anlauf und hopse mit allen vieren gleichzeitig in die Höhe. Meine Vorderbeine rutschen aber auf der glatten Treppe ab, die hinteren schaffen es gar nicht erst, und plumps, liege ich schon wieder unten.

Nina lacht. „Aber Einstein, du bist doch keine Gazelle!"

Das stimmt. Egal, was eine Gazelle ist, ich bin auf jeden Fall ein Hund. Ein kleiner Welpe, der unmöglich diese hohen Stufen bewältigen kann. Und wenn sie mich jetzt nicht sooofort hochnimmt ...

„Na komm, ich trage dich." Na endlich!

Oben sind also die Schlafzimmer und das Bad, in dem sich die Menschen sauber machen. Wir Hunde haben es da einfacher; unser Waschzeug ist immer bei uns: unsere Zunge. Und wir wälzen uns ausgiebig oder schrubbeln unser Gesicht auf dem Teppich sauber. Allerdings hat Mama mir mal erzählt, dass auch Hunde manchmal ins Bad gesteckt werden, weil die Menschen meinen, dass sie dreckig sind. Brrrr, schrecklich! Ich glaube ja nicht, dass das wirklich stimmt. Mama hat uns solche Schauergeschichten nämlich immer dann erzählt, wenn wir etwas angestellt hatten oder ihr nicht folgen wollten.

Wir, das sind außer mir noch Stupsi und Goldlöckchen, meine beiden Geschwister. Wir hatten jede Menge Spaß miteinander, und oft hat Mama auch mitgespielt. Aber für immer zusammenbleiben konnten wir nicht – weil nicht genug Platz da war. So bin ich zu Nina gekommen.

Ich vermisse meine Familie ja schon ein bisschen. Aber es ist auch toll, etwas Neues kennen zu lernen. Es riecht alles so aufregend und ich werde ganz viel geknuddelt. Außerdem bin ich inzwischen alt genug, um selbstständig zu werden. Hat zumindest Mama gesagt, als sie mich das erste Mal von ihren Zitzen weggeknufft hat.

Also gut, gesehen hab ich das Haus jetzt, erschnüffeln muss ich es noch ausgiebig und in aller Ruhe. Aber das hat Zeit, denn den schönsten Ort hab ich sowieso schon entdeckt: die Küche. Dort riecht es herrlich nach allem möglichen Essbaren, und genau das brauchen kleine Hunde, um groß und stark zu werden. Das ist ein Naturgesetz!

Opa ist auch in der Küche und isst, obwohl er schon groß und stark ist. Er lacht, als er mich alle Ecken abschnüffeln sieht. „Der Kleine weiß genau, was er will!"

Nina nickt lächelnd. „War blöd, dass ich ihn vorhin so ausgeschimpft hab."

„Na ja, es ist schon eine ganz schöne Aufgabe, die Verantwortung für ein Tier, ganz besonders für einen Hund, zu übernehmen."

Das stimmt, schließlich ist Nina jetzt meine beste Freundin. Und Freunde müssen immer füreinander da sein, das hat Mama mir beigebracht.

„Die Schattenseite hast du gerade kennen gelernt. Aber wenn du Einstein mit viel Geduld und Liebe erziehst, wird er es schnell lernen."

Wieso erziehen? Das hat Mama doch schon getan. Ich bin freundlich, zutraulich und ich kann ziemlich sauber aus meinem Napf fressen – was soll denn da sonst noch kommen? Das mit den Häufchen kriege ich auch noch hin, wenn ich mich erst besser auskenne und weiß, wohin ich gehen kann.

„Ich glaub ja auch nicht, dass er dumm ist", meint Nina.

Da bin ich aber froh, dass sie ihre Meinung geändert hat!

„Das ist mir nur so rausgerutscht. Clarissa wird sich schon was dabei gedacht haben, als sie ihn Einstein nannte."

Wow, ja, klar hat sie das. Da war ich noch jünger und wackliger, aber schon sehr unternehmungslustig. Und hungrig war ich genauso wie jetzt – nämlich dauernd.

Mein erstes Frauchen, Clarissa, hat einen Lieblingssessel in den sie sich ständig lümmelt, um zu lesen und dazu irgendwas zu futtern. Das hat mich natürlich interessiert. Stupsi und Goldlöckchen wollten lieber spielen, aber ich hab mich eines Tages auf die Lauer gelegt. Ewigkeiten später ließ Clarissa endlich mal die Hand herunterhängen, mit einem Stückchen Leckerei drin. Also gaaaanz vorsichtig anschleichen! Endlich war ich bei der Hand und es duftete einfach unbeschreiblich süß. Noch ein Stückchen näher gerutscht, bis ich mit der Zunge drankam. Mhmmm, war das lecker! Da gab's kein Halten mehr. Ganz vorsichtig hab ich Clarissa das Stückchen aus der Hand stibitzt – und sie hat es nicht gemerkt! Ich hab mich nur verraten, weil ich vor lauter Gier nicht mehr warten konnte, bis ich beim Körbchen war. Außerdem hatte ich Angst, dass Stupsi und Goldlöckchen ihren Anteil wollten. Und zum Dritten zerlief die süße Leckerei sowieso schon in meinem Maul. Ich schmatzte und schleckte und schloss meine Augen. Ohhhhhh, wie lecker. Da hörte ich Clarissas Stimme: „He, wo ist meine Schokolade? Also, das gibt's doch nicht, bin ich denn ..."

Uihh, jetzt hatte sie mich entdeckt. Noch mal schnell das Mäulchen geschleckt – war das eine Wonne.

„Ich glaub's nicht!", rief Clarissa. Zuerst guckte sie finster, aber dann musste sie doch lachen. „Du bist ja ein Schlaukopf, ein richtiger kleiner Einstein!"

So bin ich zu meinem Namen gekommen. Inzwischen weiß ich ja von Opa, dass Einstein mal der klügste Mann der Welt war. Dann ist der Name für mich gerade richtig!

Firlefanz

Nina hat mir einen Napf voll Welpenfutter aus der Dose hingestellt. Na endlich! Es schmeckt genau wie bei Clarissa, toll!

Mit kugelrundem Bauch walze ich anschließend durch die Küche und weiß gar nicht recht, wie ich mich hinsetzen soll.

„Ich glaube, ich bringe dich lieber raus", meint Nina. „Im Garten kannst du Gassi gehen und spielen."

Weil ich mit meinem Bauch kaum laufen kann, trägt sie mich durchs Wohnzimmer und öffnet die Tür zum Garten. Der ist toll. Bei Clarissa konnten wir nur raus, wenn wir mit dem Auto gefahren sind. Das war am Anfang sehr anstrengend, uns ist abwechselnd übel geworden von der Schaukelei. Dann durften wir eine Weile im Gras spielen, bevor wir zurück in die Wohnung gebracht wurden – mit dem Auto.

Jetzt habe ich es viel schöner: Tür auf und ich bin draußen! Wau, so ein großer Garten ganz für mich allein! Ich werde Tage brauchen, um alles zu erkunden. Ich habe das große Los gezogen!

Nina setzt sich in einen Stuhl und lässt mich erst mal allein herumwackeln. Sie weiß bestimmt, wie wichtig es für einen Hund ist, die ganze Umgebung zu erschnuppern. Außerdem bin ich viel zu voll zum Spielen und brauche erst mal eine kleine Verdauungspause.

Ich versinke fast in dem weichen Grasteppich, teilweise kann ich gar nicht drüberschauen. Er ist aber nicht mehr so weich wie zu Beginn des Sommers, die viele Sonne hat ihn ausgetrocknet.

Entlang der Reviergrenze, die meine neue Familie gezogen hat, sind viele Büsche und ein paar Bäume gepflanzt. Menschen können ja nicht wie Hunde ihr Revier markieren, deshalb brauchen sie richtige Grenzen, einen Zaun oder sogar eine Mauer. Sonst wissen sie nicht, wo der eigene Besitz aufhört und der nächste anfängt. Und wenn das passiert, gibt's aufgestellte Haare und Zähnefletschen!

Ich will als Erstes die Grenze ablaufen, um zu erfahren, was dahinter liegt. Passieren wird mir schon nichts, ich weiß ja, dass meine Freundin Nina auf mich aufpasst.

Mein Geruchssinn ist zwar noch nicht voll entwickelt, aber trotzdem rieche ich aufregende Sachen! So viele unterschiedliche Düfte; Pflanzen, Menschen und … andere Tiere. Auch Autos, glaube ich. Puh, da schwirrt einem ja der Kopf – ich setz mich erst mal. Zum Glück kann ich bequem durch das Gitter des Zauns gucken.

Hmmm … irgendwie ist da was, glaube ich. Da drüben gibt es auch Büsche, und eben hab ich was umherwitschen gesehen. Ob das auch ein Hund ist? Ich wittere aufgeregt. Mir sträuben sich sogar die Haare!

„Hallo, du!", belle ich. „Zeig dich doch!"

„Was hast du denn, Einstein?", will Nina wissen. Ich drehe meinen Kopf zu ihr und waffe: „Da ist jemand! Weißt du, wer das ist?"

Nina ist aufgestanden und schaut zu mir her. „Also, ich kann nichts entdecken", meint sie. Und setzt sich wieder hin! Opa ist nämlich auch rausgekommen und sie unterhalten sich. Hin und wieder schauen sie zu mir, kriegen aber nicht mit, was hier vor sich geht.

Also, bei den Menschen steige ich wirklich nicht durch. Sie tun so schlau, aber das Einfachste kapieren sie nicht, beispielsweise unsere Sprache. Und ihnen entgeht viel, weil sie nicht mal richtige Nasen haben und mit ihren zwei Beinen viel zu hoch über allem stehen. Dabei könnte Nina gerade jetzt über den Zaun schauen und mir sagen, was dahinter los ist!

„Wuuufff!", entfährt es mir. Mein Kopf schnellt herum und mein Schlappohr legt sich kurz über meine Augen. Mist, jetzt habe ich es verpasst! Blöde Ohren! Aber ... da war es gerade wieder! So ein Huschen, Blättergeraschel ... „Hallo, hallo! Ich bin Einstein, wer bist du?" Ich platze gleich vor Neugier!

„Was schreist 'n so?", kommt es plötzlich zurück und ich erstarre. Es ist eine zarte, hohe Stimme, überhaupt nicht wie ein Hund. „Bin doch nicht taub!"

„Warum kommst du nicht her?"

„Weil du 'n Fellsack bist! Euch trau ich nicht!"

„Och ... aber ich bin doch ganz lieb! Bitte, komm doch her! Ich wohne jetzt hier und muss die Nachbarn kennen lernen!"

„Dann bist du also der Neue? Hab schon was reden hören."

Ich zapple vor Ungeduld, meine Vorderpfötchen trippeln nervös auf der Stelle.

Dann endlich kommt das unbekannte Wesen! Wuffie, ein Vierbeiner wie ich, auch noch ziemlich klein, ganz zierlich, mit einem lustigen, getigerten Fell, spitzen Ohren und ... zwei schielenden gelbgrünen Augen.

„Hallo", schnurrt das Tier. „Ich nehme an, du weißt nicht, dass ich eine Katze bin. Da gebe ich dir lieber gleich ein paar Tipps: Sei zurückhaltend, nicht zu laut und immer rücksichtsvoll. Dann werden wir zwei schon miteinander klarkommen."

Eine Katze! Mama hat mir von ihnen erzählt, aber ich habe noch nie eine gesehen! Sie ist wirklich sehr anmutig und geschmeidig. Aber anscheinend auch ganz schön eingebildet. Sie streckt mir ihre kleine rosa Nase entgegen und wittert. „Miiau, du bist ja ein ganz schöner Plumpsack!", bemerkt sie.

„Na hör mal!", kläffe ich empört. „Und du bist ganz schön unhöflich!"

„Schau mal her." Die Katze streicht den Zaun entlang, dabei zeichnet ihr schmaler Schwanz elegante Kurven in die Luft. „*Das* ist eine gute Figur." Sie deutet mit der Pfote auf mich. „Du sitzt breitbeinig da, dein Bauch reicht bis auf die Pfoten runter und du hast Falten im Gesicht. Deine Haut hängt an dir wie ein Sack, da passen zwei von deiner Sorte rein. Das bezeichne ich logischerweise nicht als gute Figur."

Ich schaue an mir runter. Na ja, stimmt schon. Hundewelpen wirken eher pummelig. Aber das hat auch seinen Grund. „Ich brauche die viele Haut, weil ich ja Platz zum Reinwachsen haben muss!", verteidige ich mich. „Ich bin doch noch klein! Aber ich werde riesengroß, mindestens hundertmal größer als du! Wirst noch sehn!"

Die Katze gähnt gelangweilt. „Typisch. Zu mehr als zur Angabe reicht's nicht. Na, das werden ja heitere Zeiten."

Ich würde sie gern ein bisschen durch den Garten jagen, um ihr zu zeigen, wie heiter es sein kann. So eine Angeberin! Aber ich komme ja nicht durch den Zaun, also muss mir was anderes einfallen. „Pah, du mit deinen ... deinen Schielaugen kannst sowieso nix richtig erkennen! Wahrscheinlich stolperst du dauernd über deine eigenen Beine!"

Eigentlich schielt sie gar nicht so schlimm. Ich finde es sogar ganz hübsch. Aber das werde ich bestimmt nicht sagen, sonst wird sie noch eingebildeter!

Komischerweise reagiert sie gar nicht sauer, sondern nickt! „Das stimmt. Wenn du näher wärst, könnte ich dich sicher besser erkennen. Vielleicht bist du ja gar nicht so hässlich ..."

Aha, so ist das! Na ja, das kann ich schon machen. Ich rutsche näher zum Zaun. „Und jetzt?"

„Es ist noch zu unscharf. Komm noch näher."

So, jetzt bin ich aber direkt an den Maschen! Weiter geht es wirklich nicht mehr! „Na?"

Die Katze reckt den Kopf vor. Ihre langen, weißen Schnurrhaare stoßen an den Zaun. „Komm mit deiner Schnauze noch ein bisschen näher, damit ich deinen Geruch besser aufnehmen kann."

Was denn, halb taub ist sie auch noch? Was

ist das für eine komische Katze? Also schön, ich strecke meine Nase vor.

„Noch näher."

„Ich passe aber doch mit dem Kopf nicht durch!"

„Die Nase reicht doch. Komm, sei nicht so."

Also gut. Sie kann ja nichts dafür. Und schließlich leben wir Revier an Revier, wir sollten uns vertragen. Vielleicht können wir sogar mal miteinander spielen? Ich will jedenfalls kein Spielverderber sein. Ich presse meine Nase durch eine Masche, es geht gerade so. Natürlich kann ich meine Nachbarin so nah besser riechen und ich schnuppere eifrig.

Patsch!

„Wa-", fange ich verdutzt an, „-uuh", ende ich. Was war das? Hat sie mir eben mit der Pfote eins drübergegeben? Ich will schnell den Kopf zurückziehen, damit ich nicht noch eins abbekomme. „Whuuhuu!" Das gibt's doch nicht, ich stecke fest! Aber nach vorne ging's doch, wieso nicht zurück? Ich stemme meine Pfoten gegen den Zaun, ziehe und zerre, aber meine Nase bleibt stecken. „Whuuh-whuuu!" Es kommt mir so vor, als sei meine Nase durch das heftige Ziehen viel länger geworden – aber leider nicht dünner. „Hilfe!"

Patsch!, kriege ich noch eins übergebraten! Und dann geht ein wahres Trommelfeuer auf meine Nase nieder, links, rechts, links, rechts. Als es endlich aufhört, zittert meine Nase immer noch nach. „Mi-hi-hi-hi!" Die Katze rollt sich im Gras vor Vergnügen. Wenigstens hat sie die Krallen nicht ausgefahren.

„Du bist gemein!", rufe ich.

„Nein, ich bin Firlefanz!", antwortet sie mir und hopst herum wie ein Bällchen.

„Was ... was ist das denn für ein Name?", kläffe ich.

„Ein Menschenname", miaut Firlefanz. Sie hüpft mit allen vieren in die Luft und schlägt einen Purzelbaum; dabei hascht sie noch nach ihrem eigenen Schwanz. Sie scheint sich herrlich zu amüsieren. „Vermutlich haben sie ihn mir gegeben, weil ich nur Unsinn im Kopf habe!" Damit springt sie zu ihrem Haus davon.

Und ich sitze ganz schön in der Klemme. Meine arme Nase, ich brauche sie doch! „Nina!", heule ich. „Wu-hu-hu, bitte komm und hilf mir! Diese gemeine Katze hat mich reingelegt!"

„Einstein, was ist denn?" Nina kommt erschrocken angelaufen, mein klägliches Gewinsel hat sie endlich auf Trab gebracht.

„Einstein?", höre ich Firlefanz' helle Stimme herüberschallen. „Herrje, was für ein großer Name für einen kleinen dummen Plumpsack!"

Mir rollen dicke Tränen aus den Augen. Ich

bin zutiefst beschämt und meine Nase tut weh. Wenigstens ist Nina jetzt da.

„Wie hast du denn das wieder fertig gebracht?", japst sie, aber dann befreit sie mich vorsichtig; sie hat geschickte und sanfte Finger. Ich winsle nur ganz leise und halte still. Ich vertraue Nina, sie wird mir helfen – und ich habe Recht.

„Du Dummerchen", sagt Nina und drückt mich an sich.

Gar nicht wahr! Das war nur wegen dieser blöden Katze! Na warte, das zahle ich ihr heim, wenn ich erst groß bin!

Es tut aber gut, wie Nina mich tröstet. Sie untersucht meine geschundene Nase, aber es ist nichts weiter passiert. Es tut eigentlich schon gar nicht mehr weh. Ich winsle aber trotzdem noch ein bisschen. Nina ist nämlich mit mir auf dem Weg zur Küche. Da bekomme ich bestimmt ein Trost-Leckerli!

Meine Nina

Als es dunkel wird, kommt Ninas Mama nach Hause. Ich habe sie erst einmal gesehen, als Clarissa mich meinem zukünftigen Frauchen vorgestellt hat.

„Du hast den Hund schon geholt?", fragt sie erstaunt, als ich ihr freudig entgegenlaufe. So richtig elegant laufen kann ich ja noch nicht, es ist mehr ein Links-Rechts-Schaukeln und die Ohren wippen im Takt dazu. Darüber muss Ninas Mama sofort lachen.

„Ja, mit dem Fahrrad. Einstein passt ja noch gut in den Korb. So hat er sich gleich ein bisschen eingewöhnen können." Nina nimmt mich hoch und knuddelt mich. „Er ist soo süß, Mama! Danke, dass ich ihn haben darf!"

„Bedanke dich bei deinem Großvater", erwidert die Mama. „Er meinte, du wärst jetzt alt genug für einen Hund. Aber du kennst die Regeln: Du musst dich um alles kümmern, weil ich arbeiten muss. Und Opas Aufgabe ist es nicht, hinter dir herzuräumen."

„Ja, ja." Nina verdreht die Augen. „Das haben wir doch alles zigmal durchgekaut. Na klar werde mich um Einstein kümmern, versprochen!"

„So, Einstein heißt du also." Ihre Mama nimmt mich jetzt und begutachtet mich. Ich schnüffle so heftig, dass meine schwarze Knopfnase zittert, und wedle zaghaft mit dem Schwanz. Sie riecht nach der Welt draußen vor dem Garten, *sehr* aufregend! Und außerdem duftet sie so frisch nach süßem Holz und Blumen. Sie ist etwas kleiner als Opa und hat so lange dunkle Haare wie Nina, aber offen und mit großen Wellen. Ich finde, sie sieht toll aus.

„Du bist ja ein lustiger kleiner Kerl", urteilt sie. „Was für hübsche große, braune Augen du hast! Und wie einschmeichelnd du hochschielen kannst, raffiniert!"

Na ja, betteln lernen wir Welpen schon von ganz klein auf. Man muss ja sehen, wo man bleibt, nicht wahr? Unsere Mütter können uns jedenfalls kaum widerstehen. Das muss doch auch bei Menschen klappen!

„Hast du deinen Vater schon angerufen?", will die Mama von Nina wissen, während sie mich absetzt.

„Ja, aber er war noch nicht da. Bestimmt muss er wieder länger arbeiten." Nina hebt die Schultern. „Ich kann's ja nachher noch mal probieren."

„Es wäre schon wichtig, ich muss schließlich

wissen, was am Wochenende los ist." Die Mutter verschwindet in der Küche, Nina und ich bleiben im Flur zurück. Warum das denn?

Ich schiele zu meiner Freundin hoch. „Wii?" Sie macht ein ganz komisches Gesicht. Ich glaube, das ist Traurigkeit. Clarissa hat so geguckt, als sie sich von mir verabschiedet hat. Will Nina mich etwa auch schon wieder weggeben?

„Ja, weißt du, Einstein, deshalb hat Opa meine Eltern überreden können", flüstert sie zu mir herunter. „Es ist nämlich so, dass sie seit 'nem halben Jahr geschieden sind. Papa wohnt nicht weit weg in einer Wohnung und ich darf zu ihm, wann ich Lust hab. Aber leider hat er so selten Zeit. Das war früher schon so und bei Mama auch. Wenn sie dann mal zusammen zu Hause waren, haben sie nur gestritten, das war richtig doof. Ich glaub schon, dass sie sich immer noch gern haben, aber mit dem Zusammenleben klappt's einfach nicht. Jetzt ist es wenigstens ruhiger, auch für mich. Aber ich bin immer noch viel allein. Und ich wünsche mir schon so lange einen Hund. Da hab ich mich an Opa gehängt und der hat dann Mama und Papa überredet." Sie beugt sich runter und streichelt mich. „Wir bleiben jetzt immer zusammen, Einstein. Du bist mein bester Freund und ich bin nie mehr allein."

„Klar!", belle ich. Wacklig stelle ich mich auf die Hinterbeine, um größer zu wirken, und springe auffordernd an ihr hoch, bevor ich ganz umkippe. „Komm, gehen wir endlich auch in die Küche!"

Nina versteht mich ausnahmsweise mal. „Komm, Einstein!", ruft sie.

Alle sitzen am Tisch, nur ich muss unten bleiben. Das ist ziemlich ungerecht, denn ich bin so klein, dass ich wieder mal nur Füße sehe. Ich bin doch jetzt ein Familienmitglied, warum darf ich nicht mit rauf auf einen Schoß oder Stuhl? „Wuff!"

„Still, Einstein", ermahnt Nina mich streng. „Dein Platz ist unten auf dem Boden. Und bettle nicht!"

So, aber du häufst dir schon die besten Leckereien auf den Teller, oder? Und was ist mit mir? Ich muss dich doch auffordern mir was abzugeben, sonst kriege ich ja nix! Meine Augen werden groß und rund und ich winsle kläglich. Noch lieber würde ich mit meinem Schnäuzchen an Ninas Mund tupfen und lecken, aber ich komme doch nicht hoch! Das ist nämlich bei Hunden das Signal Futter rauszurücken. So bleibt mir nur die Aufforderung mit traurigen Blicken und Winseln. Ich versuche doch hochzuklettern, aber selbst die Stuhlkante ist zu hoch, und ich rutsche an Ninas Hosenbein ab.

Opa hält sich die Hand vor den Mund und prustet hinein. Anscheinend hat er sich verschluckt. Ninas Mama macht auch ein ganz komisches Gesicht. Ich glaube, sie lacht. He ... doch nicht etwa über mich? Wieso?

„Nina!", kläffe ich. „Gib – mir – was!"

Endlich schaut sie zu mir herunter. „Jetzt hör mal zu, Einstein", sagt sie mit erhobenem Zeigefinger, „du bekommst etwas, wenn wir fertig sind. Kapiert? Du hast zu warten!"

Ich sinke in mich zusammen. Also, so was! Bin ich denn etwa hier nicht Rudelchef? Die fressen nämlich immer als Erste. O wau, da hab ich ein ziemliches Stück Arbeit vor mir. Aber ich gebe momentan lieber nach, Nina ist viel stärker als ich.

Seufz, dann leg ich mich eben hin und stelle mich schlafend. Wenn das so ist, will ich auch keine Unterhaltung. Aber natürlich sind meine Ohren weiterhin gespitzt, damit ich trotzdem keine Neuigkeiten versäume.

„Wie geht es in der Schule?", erkundigt sich die Mama.

„Es ist ganz schön anstrengend", erzählt Nina. „Das Gymnasium ist doch schwerer, als ich dachte. Die Lehrer stopfen uns total voll. Aber bis jetzt pack ich's ganz gut."

„Und deine Mitschüler?"

„Die sind okay. Wir sind ein Haufen Mädchen und mit den meisten verstehe ich mich gut. Aber weißt du, was das Tollste ist?"

„Nein, was denn?"

„Die haben einen richtig großen Sportplatz, wo man Fußball spielen kann!"

Da muss ich doch den Kopf heben. Nina spielt gern Ball? Ich auch! Es ist lustig, wenn der Ball herumspringt und ich versuche ihn zu erhaschen. Bestimmt kann ich sie überreden mit mir Ball zu spielen!

„Unser kleiner Fußballfan, magst du denn nicht mal was anderes ausprobieren?", fragt der Opa.

„Nein", antwortet Nina. „Es gibt doch nichts Schöneres! Aber weißt du, was gemein ist? Die Jungs lassen mich nicht mitspielen. Sie sagen, ich gehöre nicht dazu. Einmal hab ich trotzdem einfach mitgemacht und da haben sie mich entweder links liegen lassen oder gefoult. Dabei ist ihre Mannschaft ganz gemischt, es sind welche aus meiner Klasse dabei, aber auch Ältere. Warum also kein Mädchen?"

„Warum spielst du dann nicht einfach mit den Mädchen? Heutzutage ist Frauenfußball doch nichts Außergewöhnliches mehr!", meint Opa. „Zu meiner Zeit gab's das natürlich nicht, aber –"

„Ich finde, Opa hat Recht", unterbricht ihn die Mama. „Spiel doch mit den Mädchen!"

„Och, die haben aber keine Lust", beklagt sich Nina. „Ich hab's doch schon versucht."

„Na, vielleicht hast du es ihnen einfach nicht schmackhaft genug gemacht", schmunzelt der Opa. „Du musst sie nur richtig überzeugen." Er schaut zu mir runter. „Einstein, du spielst bestimmt auch gern Ball."

Ich wedle mit dem Schwanz und lege den Kopf leicht schief. Darauf kannst du wetten! Vielleicht kann ich ja Ninas Freundinnen zeigen, wie lustig das ist! Darf ich?

„Nimm ihn doch mal mit", schlägt Opa vor. „Bestimmt kann Einstein ihnen beibringen, wie viel Spaß das macht."

Na also! Meine Idee! Ich setze mich auf und wedle heftiger. „Wau!"

„Siehst du, er ist dafür!", ruft Opa lachend.

„Warum eigentlich nicht?", stimmt auch die Mama zu. „Dann hat Einstein gleichzeitig Bewegung und Spielkameraden. Aber natürlich muss er vorher noch ein bisschen wachsen – und lernen an der Leine zu gehen."

Das mit dem Wachsen stimmt, momentan bin ich etwas zu schwerfällig und ungeschickt. Aber was heißt „an der Leine gehen"?

Das erste Match

Nach dem Abendessen geht Nina noch mal mit mir in den Garten. Sie ist wie ausgewechselt, weil ihr die Idee mit mir und dem Ballspielen nicht aus dem Kopf geht. „Das wäre große Klasse, Einstein, wenn ich eine Mannschaft zusammenbringen könnte!" Zum Üben hat sie gleich einen Ball mitgenommen. „Das ist natürlich kein Fußball", erklärt sie mir, „der würde dich ja halb erschlagen. Für den Anfang tut's so ein kleiner auch."

Sie wirft den Ball, er springt auf den Boden und schnellt wieder hoch.

„Waff! Waff!" Begeistert kläffend rase ich los, bin nicht mehr zu halten. So schnell ich mit meinen kurzen Beinchen und dem plumpen Körper kann, laufe ich dem Ball hinterher, der mal hierhin und mal dorthin hüpft. Nur nie dahin, wo ich auf ihn warte, und meine Zähne schnappen jedesmal ins Leere. Vor lauter Schauen achte ich gar nicht mehr auf den Boden und schon tapst mein rechtes Vorderbein in irgendeine Vertiefung. Meine Hinterbeine können nicht mehr rechtzeitig bremsen und überholen die Vorderbeine, uups, nach zwei Purzelbäumen liege ich benommen auf dem Rasen. Nina lacht lauthals. Aber dann geht die Jagd weiter, sie wirft den Ball und ich versuche ihn zu fangen. Endlich hab ich dich! Ich krieg ihn gar nicht richtig in mein kleines Mäulchen, aber meine Zähne halten ihn trotzdem irgendwie fest. Stolz laufe ich zu Nina zurück, die schon gerufen hat: „Bring's Bällchen!"

Sie will mir den Ball wegnehmen, da hat sie sich aber geschnitten! Das ist jetzt meiner! „Lass los, du Racker!"

Nö!

Sie packt den Ball von der anderen Seite und schüttelt mich. Ich knurre, so tief ich kann, aber dazu wedle ich mit dem Schwanz. Schließlich ist es ein Spiel, kein Kampf!

„Grr-rr-rr!" Ich werde herumgebeutelt und halb durch die Luft geschleudert, aber ich lasse nicht locker. Erst, als Nina energisch „AUS!" ruft, lasse ich los.

„Iiihh", beschwert sie sich. „Du Ferkel, du hast den Ball voll gesabbert!"

„Dann fliegt er besser! Los, wirf schon!" Kläffend wetze ich dem Ball wieder hinterher, obwohl mir die Zunge schon bis zur Brust herabhängt. Aber es macht so Spaß! Wieso haben ihre Freundinnen dazu nur keine Lust?

O weh, der Ball fliegt ins Gebüsch! Ich kann ihn gar nicht mehr sehen, Mist. Ich muss ihn suchen.

„Such schön!", fordert Nina mich auf. „Such das Bällchen! Such und bring's!"

Na ja, leichter gesagt als getan. Ich will mal sehen, ob ich ihn finde. Das Gebüsch ist ziemlich dicht, immer wieder verhaken sich Ästchen in meinem Plüschfell und ich komme nur schwer voran. Eifrig schnuppere ich, meine Augen suchen überall.

„Hallo, Plumpsack!"

O nein, diese Stimme kenne ich. „Firlefanz, ich hab keine Zeit! Und ich stecke bestimmt nicht noch mal die Schnauze durch den Zaun!"

„Guck doch trotzdem mal her. Vermisst du das hier?"

Das Kätzchen hinter dem Zaun rollt zwischen ihren Vorderpfoten mein Bällchen! O wie gemein! Nina hat es wohl zu weit geworfen. „Gibst du's mir wieder?", bitte ich.

„So ein lustiges Spielzeug?" Sie schubst den Ball vor sich her, springt über ihn, lässt sich fallen und rollt mit ihm herum.

Ich hüpfe wild auf meiner Seite, aber leider ohne Ball. Ich will mitmachen!

„Bitte, bitte! Komm doch mit rüber, dann spielen wir gemeinsam! Magst du? Bit-te!"

Firlefanz schubst den Ball in meine Richtung, aber kurz vor dem Zaun bleibt er liegen. Ich strecke eine Pfote durch die Maschen und versuche ihn zu erreichen.

„Mi-hi-hi!", kichert Firlefanz. Sie ringelt sich um meine Pfote und beißt hinein, aber nicht fest.

Ich strecke die zweite Pfote durch und tatsche nach ihr. Sofort ringelt sie sich um diese Pfote. So kann ich mit der anderen endlich an den Ball. Ich darf ihn nur nicht wegstoßen, sondern zu mir her, also die Pfote leicht einkrümmen ... ja! Es klappt! Blitzschnell springe ich auf und strecke die Nase gerade so weit durch das Gitter, dass ich den Ball erwischen kann. Ich zerre ihn auf meine Seite und zwinkere Firlefanz schadenfroh zu. Diesmal war ich schneller! „Reingelegt!"

Sie steht verdutzt und krummbeinig da, ihre Augen schielen noch ein bisschen mehr als sonst. Dann schnellt sie wieder mit allen vieren steil in die Luft wie das letzte Mal und saust davon. „Mi-hi-hi!", keckert sie.

Ich glaube, sie ist wirklich ein bisschen verrückt. Und sehr lustig. Zumindest ist sie mir nicht böse.

Stolz bringe ich das Bällchen zu Nina zurück. „Jetzt hören wir aber auf", sagt sie. „Du bist ja schon völlig erledigt!"

Das stimmt, ich hechle wie verrückt. Ich habe nichts dagegen, das Spiel zu beenden.

„Außerdem ist es fast dunkel und für kleine Hunde wird es Zeit schlafen zu gehen", fügt sie im Hineingehen hinzu.

Sie trägt mich die Treppe hinauf. „In den nächsten Tagen musst du lernen, allein rauf- und runterzulaufen", plant meine Freundin. Da habe ich nichts dagegen, aber ich glaube, ich muss erst noch ein bisschen wachsen.

Ninas Zimmer ist ein gemütlicher Raum, ich fühle mich sofort wohl. Ein großes Bett, ein Schrank, ein Tisch mit einem Haufen Sachen drauf, Regale mit noch mehr Sachen drin und ein plüschiger Sessel, belegt mit Anziehsachen. Neben ihrem Bett steht ein Körbchen, in das sie mich reinsetzt.

„Hier ist dein Platz, Einstein. Da wirst du in Zukunft schlafen."

„Ein Körbchen ganz für mich allein? Toll! Darf ich gleich drinbleiben und es ausprobieren?"

Ich bleibe sitzen, als Nina zur Tür geht. „Bleib nur ruhig da und schlaf, ich komme gleich wieder."

Ich wälze mich erst mal ausgiebig in dem Körbchen. Es stinkt ja fürchterlich, so neu und fremd. Aber es ist weich, auch die Umrandung.

Obwohl ich gar nichts gegen eine feste Umrandung aus Holz gehabt hätte, weil man darauf so schön herumkauen kann. Es ist prima, sich lang ausstrecken zu können, ohne dass man geknufft oder weggeschubst wird. Das ist jetzt ganz und gar mein Platz, der sicherste Ort überhaupt. Niemand darf mir hier was tun. Und ich kann mir das Körbchen nach meinem Belieben einrichten. Beispielsweise hätte ich gern mein Bällchen bei mir und vielleicht was zum Kauen. Und ein Kissen, auf das ich meinen Kopf legen kann.

Es ist aber auch so schon wirklich sehr bequem. Und Platz ist viel da. Wenn es nur etwas mehr nach mir riechen würde! Mit diesem komischen Geruch fühle ich mich überhaupt nicht wohl. Und auch ein bisschen einsam. Was nützt der viele Platz, wenn man ganz allein ist? Es ist viel lustiger und wärmer, wenn jemand dabei ist. Stupsi und Goldlöckchen haben immer viel gekichert und mich mit ihren kleinen Krallen am Bauch gekitzelt.

Was gäbe ich jetzt drum, wenn ich zurückkönnte! Ich hätte Mama so viel zu erzählen, nach all meinen Erlebnissen.

Ich wäre froh, wenn Nina endlich zurückkäme. Die Augen fallen mir andauernd zu, weil ich so müde bin; trotzdem schrecke ich beim leisesten Geräusch hoch. Ich weiß ja, dass mir in meinem Körbchen nichts passieren kann, aber wissen die anderen das auch?

Traurig lege ich die Schnauze auf den Rand und schaue im Zimmer rum. Es ist wirklich gemütlich hier. Aber es riecht alles so fremd. Bis auf ... Moment mal, auf dem Sessel liegen doch Sachen von Nina! Ihr Geruch ist mir schon gut vertraut. Sie ist meine Freundin und Beschützerin. Wenn ich was von ihr hier habe, fühle ich mich bestimmt nicht mehr einsam. Und außerdem kann es nicht schaden, das Körbchen auszupolstern, wenn ich schon kein Kissen kriege.

Ich steige aus dem Körbchen und schaue mich sicherheitshalber noch mal nach allen Seiten um. Aber ich bin nach wie vor allein, hier droht keine Gefahr. Zielstrebig wackle ich zu Ninas Sessel und schnüffle an ihren Sachen. Da ist ein Stück, das Nina obenrum trägt und Shirt nennt. Sie muss es gern haben, denn es riecht ganz doll nach ihr. Das ist doch genau das Richtige für mich! Wenn ich mich aufrichte, kann ich es gerade noch mit den Zähnen packen. Schnell schleife ich es in mein Körbchen. Ich muss es natürlich ein bisschen bearbeiten, damit ich meinen Liegeplatz gut auspolstern kann und gleichzeitig den Geruch in der Nase habe. Ritsch, ratsch! So, jetzt sind es drei Teile. Eines für den Rand, eines zum Drauflegen und das Dritte für den Kopf. Prima!

Ich bin wohl eingeschlafen, denn auf einmal ist Nina im Zimmer, ohne dass ich sie hab hereinkommen hören. Sie hat Licht gemacht und redet mit mir, aber ich habe bis jetzt nichts mitbekommen. Ich hebe den Kopf, wiffe und wedle sie fröhlich an.

„Na, bist du wach?", fragt Nina und lächelt. Doch auf einmal wird ihr Gesicht ganz starr. „Worauf liegst du denn?"

Na, auf deinem Shirt! Es ist wirklich ganz toll, danke!

„Aber ... aber ..." Nina kommt her und nimmt das Stück unter meinem Kopf. Sie hält es vor ihre Augen und macht ein ganz merkwürdiges Gesicht. Ich merke deutlich, dass hier was nicht stimmt. Ich lege den Kopf fragend schief.

„Was ... was hast du denn da getan?", stößt Nina mit seltsamer Stimme hervor.

„Meinen Platz ausgepolstert", antworte ich. „Ich hab mich einsam gefühlt und es roch alles so fremd."

„Einstein, das war mein Lieblings-Shirt!", schreit Nina mich auf einmal an. Sie richtet sich auf und steht drohend über mir. Da ducke ich mich gleich tiefer in mein Körbchen und nur noch meine Schwanzspitze wedelt. „Du machst andauernd nur Unsinn!"

„Gar nicht wahr, außerdem lag es doch rum", verteidige ich mich. „Woher soll ich wissen, dass du es noch brauchst?"

„Das ist dein Körbchen und woanders hast du nichts verloren!" Nina ist richtig sauer und ich werde immer kleiner.

„Du kannst es gern zurückhaben!", winsle ich und rutsche von den Fetzen weg. Fast habe ich Angst, dass sie mich aus dem Körbchen zerrt. Dann geh ich da aber nie mehr rein, sondern muss mir einen anderen Platz suchen, an dem ich sicher bin. Selbst vor meiner Freundin, wenn sie böse auf mich ist.

„Was ist denn hier los?" Ninas Mama kommt herein. O wau, hoffentlich wird sie nicht auch noch böse. Dann werde ich bestimmt fortgejagt. Aber ich hab doch gar nichts Schlimmes getan!

Nina zeigt ihr mein Körbchenzubehör und schimpft ganz schrecklich. Ich trau mich kaum noch über den Rand zu gucken. Ängstlich schaue ich abwechselnd zu den beiden hoch.

Ja, was ist das? Die Mutter lacht! „Tja, Nina, ich fürchte, Einstein wird dich dazu erziehen, endlich mal ordentlicher zu werden und aufzuräumen! Dann kann so was nicht mehr passieren!"

„Aber er kann doch nicht einfach –"

„Nina, gib ihm nicht die Schuld für deine Schlamperei. Er ist ein Welpe. Wahrscheinlich hat er sich einsam gefühlt und etwas gesucht, das nach dir riecht. Du solltest dich freuen, dass er sich schon so schnell an dich gewöhnt hat!"

Als die Mutter zu mir runterschaut, unternehme ich einen zaghaften Wedelversuch, aber nur mit der Schwanzspitze. „Sieh ihn dir an, den Kleinen, er ist ganz geknickt!"

„Das darf er auch sein!" Nina hat mir immer noch nicht verziehen.

„Jetzt reg dich nicht so auf", besänftigt ihre Mama sie. „So ein Kleidungsstück ist doch schnell ersetzt. Gib's ihm zurück, Nina, und sei wieder gut mit ihm. Du musst Geduld haben, schließlich ist er noch so klein." Sie lacht. „So, wie ich mit dir immer noch Geduld habe!"

Da muss Nina auf einmal lächeln. Sie setzt sich neben mein Körbchen und ich warte regungslos ab, was passiert. Aber sie streichelt mich und legt den Fetzen neben meinen Kopf. „Immerhin beweist Einstein einen guten Geschmack, da er mein Lieblings-Shirt genommen hat", meint sie.

Dann ist also alles wieder in Ordnung? Puuhhh!

Ich hüpfe aus dem Körbchen und führe jaulend einen Freudentanz um meine Freundin herum auf. Sie prustet, als ich stürmisch an ihr hochspringe und mit meiner Zunge über ihre Nase wische.

„Na, dann eine gute erste Nacht für euch beide, schlaft schön", wünscht Ninas Mama und lässt uns allein.

Nina steigt in ihr Bett und ich ringle mich im Körbchen zusammen. Mitten in der Nacht wache ich aber wieder auf. Mir ist ein bisschen kühl und außerdem fühle ich mich schon wieder allein. Warum soll ich eigentlich mit ihrem Lieblings-Shirt vorlieb nehmen, wenn Nina selbst doch gleich neben mir liegt? Und in ihrem Bett ist ja wirklich Platz genug für zwei!

Eine Weile lausche ich, aber meine Freundin schläft tief und fest.

Vielleicht ist es besser, wenn sie nicht aufwacht, sonst fliege ich wahrscheinlich hochkant wieder raus.

Drei Mal muss ich springen. Das Bett ist doch ein wenig hoch und ich rutsche jedesmal mit den Krallen wieder ab.

Zum Glück hat Nina einen tiefen Schlaf, sie merkt nichts. Beim dritten Mal endlich finde ich an der Decke Halt und kann mich mühsam hochziehen. Ich bin fix und fertig, als ich endlich oben bin. Hoffentlich werde ich schnell groß, so ist das ja kein Zustand! Vorsichtig steige ich über die Decke und kuschle mich an Ninas Rücken. Behaglich schmatzend rolle ich mich ein. Es ist warm, ich habe ihren Geruch in der Nase … es gibt keinen schöneren Platz!

Opa-Geschichten

Am nächsten Morgen wachen Nina und ich gleichzeitig auf. Plötzlich tasten ihre Finger über mein Fell und sie stößt einen unterdrückten Laut aus.

„Einstein, das geht doch nicht!", flüstert sie mir zu.

Ich schaue sie schwanzwedelnd an. „Wiff! Guten Morgen!"

„Mama erlaubt es nicht und sie kann jeden Moment zum Wecken kommen!", wispert Nina. „Du musst in dein Körbchen, schnell!"

Ja, ja, schon gut. Ich lecke ihr Gesicht und schmiege mich an sie. Aber zuerst will ich Schmuseeinheiten!

Nina gibt natürlich nach. Sie knuddelt mich, setzt mich dann aber doch ins Körbchen. Gerade noch rechtzeitig, denn schon geht die Tür auf.

„Guten Morgen, ihr beiden!", begrüßt uns Ninas Mama.

Ich hopse aus dem Körbchen und laufe ihr entgegen.

„Komm, Einstein, dich lassen wir in den Garten", schlägt sie vor.

„Ich komme auch gleich!", verspricht Nina.

Unten öffnet Ninas Mama die Tür zum Garten. „Geh schön Gassi!", fordert sie mich auf. Mir dämmert allmählich, was sie damit meint, ich muss nämlich. Und ich soll das nicht einfach im Wohnzimmer erledigen. Schon kapiert. Ich kann aber nicht versprechen, dass in der nächsten Zeit nicht doch noch einige Male drin was passiert!

Ich tue, was getan werden muss, und stöbere dann durch den Garten. Es ist noch nicht richtig hell, die Luft frisch und würzig und das Gras feucht. So früh sind die Geräusche alle intensiver und auch die Gerüche. Links am Zaun war ich noch nicht, das will ich mir mal ansehen. Aha, da geht es vom Vorplatz zur Straße. Am Haus entlang führt eine Treppe nach oben und daneben steht noch mal ein kleineres Haus. Da hat Nina gestern ihr Fahrrad drin verstaut, wenn ich mich recht erinnere.

„Opa!", belle ich freudig überrascht. Er kommt gerade die Treppe herunter. Ich habe ihn schon vermisst! „Hallo, hier bin ich!"

Er hört mein Bellen und kommt zum Zaun. „Hallo, kleiner Racker!", begrüßt er mich. „Wir sehen uns gleich drin in der Küche."

Küche! Das ist das Zauberwort! Da bin ich schnell wie der Wind drin und stoße mit der Nase an meinen Napf. „Frühstück, bitte!"

Es stört mich nicht mal, dass ich wieder nicht auf einen Stuhl darf, solange ich versorgt werde.

„Einstein hat sich ja schon gut eingelebt", bemerkt Opa. „Ich werde keine Mühe haben auf ihn aufzupassen, während du in der Schule bist, Nina."

Was, ich darf zu Opa? Da bin ich aber mal neugierig, wie es bei ihm aussieht!

„Das war sicher auch ein Grund, weswegen du für einen Hund eingetreten bist, nicht wahr?", sagt Ninas Mama lächelnd.

„Na ja, schließlich kann man mit neunundsiebzig Jahren ja schon mal ein wenig Verantwortung übernehmen!", erwidert der Opa mit hoher verstellter Stimme und alle lachen. „Außerdem soll ein Hund nicht ständig den halben Tag allein sein – schon gar nicht als Welpe."

„Stimmt." Die Mutter schaut auf die Uhr und steht schnell auf. „Himmel, ich muss los. Nina, räumst du bitte ab? Ich komme so wie gestern heim. Und ruf doch noch mal Papa an, damit ich wegen Samstag Bescheid weiß." Sie beugt sich zu mir runter und verwuschelt mein Fell. „Und du sei brav, Hundekind, und mach keinen Ärger!"

Ich? Ja, woher denn?

Als ihre Mama weg ist, erklärt Nina mir, wie der Tag bei ihnen so aussieht: Sie muss vormittags in die Schule. Anders als Hunde werden junge Menschen an bestimmten Orten unterrichtet, weil sie viel mehr Sachen lernen müssen als wir. Ich darf leider nicht mit, aber Opa wird in der Zwischenzeit mit mir spielen. Mittags kommt Nina heim, dann gibt's was zu essen. Nachmittags macht sie entweder Hausaufgaben oder sie geht auf den Sportplatz. Abends kommt die Mama heim, aber nicht immer zur selben Zeit. Das sagt Nina mit trauriger Stimme. Ich glaube, sie würde ihre Eltern gern öfter sehen – und zusammen.

Ich verstehe, wie Nina sich ohne ihre Mama fühlt. Mir fehlt meine auch noch, obwohl es schon besser wird. Hunde wachsen ja viel schneller als Menschen. Und Ninas Papa möchte ich auch gern mal kennen lernen. Ich hab meinen nämlich nie gesehen, deshalb finde ich das spannend.

Kaum ist Nina aus dem Haus, fordert Opa mich auf mit ihm zu kommen. „Ich habe meine eigene Wohnung gleich hier im Haus", erklärt er mir.

Um da hinzukommen, muss ich aber einen Haufen Treppen bewältigen. Ich bewundere Opa, wie schnell er da hinaufstapft. Ich schaffe es heute zwar schon besser als gestern, aber trotzdem muss ich öfter eine Pause einlegen. Endlich bin ich oben – hui, das ist ja ganz anders als das Haus unten! Ähnlich wie bei Clarissa, nur kleiner. Ein Wohnzimmer, ein Schlafzimmer, ein Bad und alles auf einer Etage. Und es ist total voll gestellt, mit ganz vielen Möbeln aus Holz und lauter Menschensachen. Es riecht alt und nach einer Menge Geschichten.

„Schau mal her, Einstein." Opa zeigt mir ein Bild. Es ist groß genug, dass ich einen Menschen darauf erkennen kann. Er scheint so alt zu sein wie Opa, denn er hat wirre weiße Haare. Und – er streckt die Zunge raus! Pfffff!

„Das ist dein Namensgeber, Albert Einstein", erklärt mir Opa. „Er war der Erfinder der Relativitätstheorie."

Aha. Ich setze mein gescheites Gesicht auf und hechle.

„Er lebt schon lange nicht mehr, viele Jahrzehnte", fährt Opa fort. „Er hat viele schlaue Theorien entwickelt und war ein weltberühmter Physiker."

Füsiker, klingt lustig, und mächtig schlau war er ja wohl auch noch. Von dem hab ich also den Namen? Wuffje, ob ich auch soo schlau bin?

„‚Es ist alles relativ' sagt man heute noch. Das heißt, man kann eine Sache in Bezug auf eine andere so oder so sehen. Dein Napf ist halb voll oder halb leer. Beides ist richtig. Verstehst du?"

Nö, ich habe meinen Napf am liebsten ganz voll. Aber den Satz werde ich mir merken, der klingt ziemlich schlau!

Unterdessen kramt Opa weiter in seinen Sachen und zeigt mir ein altes, gegabeltes Stöckchen. Ich springe hoch und belle auffordernd. „Wirf das Stöckchen! Bitte! Ich bring's dir auch wieder!"

„Das ist doch nicht zum Spielen, Einstein!", belehrt Opa mich. „Mit diesem Ast kann man Wasser finden, ja wirklich! Über einer Wasserader schlägt es aus, das ist mir schon gelungen! Ich war nämlich mal Wünschelrutengänger!"

Schon wieder so ein tolles Wort! Aber jetzt wirf das Stöckchen!

„Stell dir vor, du bist in der Wüste am Verdursten. Dann komme ich mit der Astrute hier und …"

„Wau-wau!" Wüste? Verdursten? Mir wurscht. Ich will spielen!

Aber Opa denkt gar nicht dran, er ist ganz woanders. Er zeigt mir, wie das Wassersuchen geht. Also, so nebenbei bemerkt: Ich mache das ja mit der Nase. Wie das mit einem Holzstöckchen funktionieren soll, kann ich mir echt nicht vorstellen.

„Und wenn sie ausschlägt, geht das so!" Opa tippt mit der Spitze auf den Boden.

Das ist mein Stichwort! Ich schnappe zu und lasse nicht mehr los. Opa schimpft und zerrt am einen Ende, und ich knurre und ziehe am anderen Ende.

Eine Weile geht das so hin und her, bis Opa brüllt: „AUS!", und da lasse ich natürlich sofort los.

Aber Opa hat gerade jetzt nicht damit gerechnet. Er verliert das Gleichgewicht und taumelt nach hinten gegen den Sessel. Dabei verfängt sich das Stöckchen in einem Schal, der von einem Brett herabhängt. Opa fuchtelt wild herum, der Schal wickelt sich um ihn, bleibt aber am Brett hängen. Opa fällt endgültig und landet im Sessel, das Brett knallt runter und alle Sachen darauf purzeln über den Fußboden. Krach-bumm-schepper-ping. Klasse!

„Mhmm-mhmm!", mummelt Opa, der mit dem Schal über seinem Gesicht kämpft. Seine Beine zappeln in der Luft. Kleine Dosen, bunte Glaskugeln, Gummibällchen und was sonst noch alles springt und rollt um mich herum. „Grra-waff! Waff-waff!"

Opa befreit sich von dem Schal, setzt sich auf und sieht die Bescherung. Ich weiß, das gibt bestimmt wieder ein Donnerwetter, aber es ist wirklich nicht meine Schuld. Treuherzig schiele ich zu ihm hoch.

„Also, Einstein!", setzt er an. „Du … du …" Er schnauft heftig vor Aufregung. Dann aber packt er mich plötzlich und knuddelt mich. „Du tollpatschiger Racker, endlich kommt mal wieder Leben in die Bude!"

Die große Verwirrung

Als Nina mittags nach Hause kommt, halten Opa und ich gerade ein Nickerchen. „Wie sieht's denn hier aus?", fragt sie verdutzt.

„Ich räume um!", erklärt Opa und zwinkert mir zu.

Ich begrüße meine Freundin stürmisch und dann gehen wir alle in die Küche und essen einen Happen. Opa berichtet, wie gut wir uns verstanden haben, und dass ich allen seinen Geschichten aufmerksam gelauscht habe.

Nina erzählt ein bisschen von der Schule und nach dem Essen ruft sie noch mal ihren Papa an. Ich verstehe ja nicht, wie sie das macht, aber jedenfalls unterhält sie sich mit der Luft: „Hallo, Papa! Ich ruf dich schon dauernd an, weil … ja, ich weiß, dass du viel zu tun hast … aber es ist wegen Samstag … Mama hat gesagt, dass … wie? Aber … du hast es doch versprochen! Ich hab mich so auf das Wochenende gefreut, warum kannst du denn nicht … ja, ist schon gut. Nein, bin ich nicht. Na ja. Also, bis dann."

Als Nina sich zu mir umdreht, schaut sie

traurig. „Er hat keine Zeit", murmelt sie. „Wie immer. Dabei wollte ich dich so gern mitnehmen. Ich konnte nicht mal richtig mit ihm reden, weil er irgendwelchen Besuch hat, wichtige Leute." Sie nimmt mich hoch auf ihre Arme. „Ich verstehe das einfach nicht, Einstein." Sie schnieft und reibt sich die Nase. „Hoffentlich hat wenigstens Mama Zeit, um was zu unternehmen."

Opa steckt den Kopf aus der Küchentür. „Ist was los?"

Nina schüttelt den Kopf. „Nein, alles okay." Sie setzt mich ab und ich springe um sie herum, um sie abzulenken.

„Gehen wir in den Garten? Ich würde gern ein paar Runden drehen! Komm, wir spielen Ball! Oder Stöckchenholen!"

„Ja, dann wird es wohl mal Zeit", seufzt Nina. „Los geht's!" Ich renne ins Wohnzimmer, aber Nina hat was anderes gemeint: Sie geht in ihr Zimmer und kommt mit zwei fremden Sachen wieder herunter.

„Schau mal, Einstein, was ich da habe! Halsband und Leine für dich! Wir wollen gleich mal das Gassigehen üben!"

Schon wieder was Neues? Ja, was macht sie denn mit mir? Da ersticke ich doch, Hilfe!

„Hör auf, mit den Pfoten dran zu kratzen, so schlimm ist es doch nicht!" Nina ist nicht mehr so traurig, aber ziemlich ungeduldig. Jetzt muss ich drunter leiden, dass sie sauer auf ihren Papa ist!

Ich kugle auf dem Boden herum bei dem verzweifelten Versuch, das Halsband wieder abzustreifen. Aber mein Kopf ist zu dick dafür, es geht einfach nicht.

Da kann Nina endlich wieder lachen. So komisch finde ich das aber nicht! „Komm, Einstein!", lockt sie mich. Sie geht zur Haustür. Ich laufe ihr nach, vielleicht finde ich draußen eine Möglichkeit, das verwuffte Ding loszuwerden. Aber jetzt wird's noch schlimmer! Sie befestigt doch tatsächlich die Leine am Halsband!

„Opa, Hilfe!" Verzweifelt schiele ich zu Opa hoch, der mit uns kommt. Aber er scheint ganz in Ordnung zu finden, was Nina da mit mir macht.

„Komm nur!" Nina geht los. Ich habe das nicht so schnell mitbekommen, weil ich immer noch durch Kopfschütteln versuche das Halsband loszuwerden. Auf einmal gibt es einen Ruck, ich falle und werde wie ein Sack hinterhergeschleift.

Nicht mit mir! Entschlossen stemme ich alle vier Beine in den Boden und sperre mich gegen den Zug. Dazu belle ich empört. „Ich kann alleine laufen!"

„Das wird schon", spricht Opa uns beiden Mut zu. „Schau mal, Einstein, wir gehen jetzt auf die Straße. Das ist gefährlich, da gibt es viele Autos. Nina passt auf, dass dir nichts passiert."

„Das kann sie auch so!"

„Du kannst nicht einfach über die Straße rennen, ohne zu gucken. Verstehst du?"

„Nein! Will nicht!" Ich winde mich und zerre an der Leine, bis ich sie mit dem Zähnen erwische. Knurrend beutle ich sie.

„Komm, Einstein, bei Fuß!", fordert Nina mich auf. „Je mehr du ziehst, desto schlimmer wird es!"

„Das merk ich auch! Ächz! Hust!" Trotzdem lasse ich nicht locker.

„Es gibt aber auch Menschen, die sich vor Hunden fürchten", fährt Opa mit ruhiger Stimme fort, als wäre alles in bester Ordnung. Inzwischen hat Nina mich bis zum Gehweg geschleift, aber nur mit vielen Unterbrechungen. So leicht gebe ich nicht auf, das wird sie schon noch merken! „Dann ist es wichtig für sie zu erkennen, zu wem du gehörst und dass du ihnen nichts tun kannst."

Nina muss stehen bleiben, jetzt geht es gar nicht mehr weiter. Ich habe mich mit allen vier Beinen rettungslos in der Leine verheddert und mit der Nase bremsen müssen. „Wau-au!

Hapfii! Halt doch endlich an!" Der Staub kitzelt meine Nase und ich muss niesen. Den rauen, harten Straßenbelag mag ich aber gar nicht!

„Ein Cowboy könnte es nicht besser, wenn er eine Kuh einfängt", sagt Opa zu Nina. „Eine handfeste Verschnürung, mein Kompliment." Er bückt sich und versucht den Leinensalat zu entwirren. „Es ist wirklich leichter, wenn du nachgibst", flüstert er mir zu. „Nina wird nämlich niemals nachgeben, ich kenne sie zu gut. Also sei du der schlaue Hund. Du musst ja nicht dauernd an der Leine gehen, nur auf der Straße, wo es gefährlich ist. Es macht aber trotzdem Spaß Gassi zu gehen, du wirst sehen!"

Also, ich weiß nicht so recht. Andererseits: Wenn ich mich zu sehr sträube, geht Nina vielleicht gar nicht mehr mit mir raus. Und es ist natürlich toll hier auf der Straße, mit all den Nachrichten von anderen Hunden. Es gibt viel zu sehen und zu schnuppern, viel mehr als im Garten.

Na gut, probieren kann man es ja mal. Ich schüttle mich heftig, als ich befreit bin und wackle zu Nina.

„Versuchen wir's noch mal, Einstein. Komm, Fuß!" Nina geht los und noch bevor ich den Zug an der Leine spüre, gehe ich mit. Da habe ich gar nicht das Gefühl angebunden zu sein.

Aber die Katastrophe folgt gleich: Nina will rechts, ich nach links. Wir können uns über die Richtung nicht einig werden und sie bleibt auch nie lange genug stehen, wenn ich schnuppern will. Mann, ist das anstrengend.

Ich bin froh, als wir endlich wieder zu Hause sind. Prompt fällt mir dort auch sofort ein, was ich unterwegs bei dem ganzen Gezerre vergessen habe: Ich muss mal.

Die Bescherung landet im Wohnzimmer, wie beim ersten Mal. Ich schäme mich ein bisschen, aber Nina schimpft mich diesmal nicht aus. Sie ermahnt mich nur, es nicht wieder zu vergessen, und ich darf in den Garten. Nach all den Aufregungen tut es gut, eine Weile allein herumzustöbern. Ich gucke nach Firlefanz, aber sie ist nicht da. Wenn sie nur mal rüberkäme zu mir, dann könnten wir spielen!

Als die Mutter heimkommt, fragt sie gleich, ob Nina ihren Papa erreicht hat.

„Ja, aber er hat keine Zeit."

„Was soll das heißen, er hat keine Zeit?" Die Mutter runzelt die Stirn, und ich merke, dass sie böse wird. Doch nicht auf Nina?

„Sie kann nichts dafür!", blaffe ich.

Nina zuckt die Achseln. „Er hat einen wichtigen Termin. Ich konnte kaum mit ihm reden."

„Das ist doch die Höhe!" Ninas Mama geht zum Telefon und schimpft hinein: „Ich bin's. Was soll das heißen, du hast keine Zeit? Hätte dir das nicht früher einfallen können? Heute ist schon Donnerstag! Ich habe Pläne gemacht und kann nicht ... hör mal, schieb das jetzt nicht auf mich! Du bist an der Reihe und du kannst nicht einfach –"

„Kommt, ihr beiden." Opa steht plötzlich hinter uns und legt Nina einen Arm um die Schultern. „Gehen wir ins Wohnzimmer."

Warum das denn? Da hört man doch nichts mehr!

„Es stinkt mich so an", murmelt Nina. „Jetzt wissen sie wieder nicht, wohin mit mir. Ich bin ihnen richtig im Weg!"

„Aber das stimmt nicht, Nina", versucht der Opa zu trösten. „Dann unternehmen wir eben etwas. Mir wird schon was einfallen, einverstanden?"

Nina nickt stumm. Sie sagt lange Zeit nichts mehr, auch beim Abendessen ist sie ziemlich still. Ihre Mama schimpft noch eine Weile über Ninas Papa und ist dann sauer, weil Nina nichts reden will.

Schließlich ruft meine Freundin: „Worüber

regst du dich auf, du hast doch auch keine Zeit für mich!", und läuft auf ihr Zimmer.

Ich brauche lange, bis ich oben angelangt bin, aber dann kraxle ich zu ihr aufs Bett und lecke tröstend ihr Gesicht. „Es wird alles gut, Nina", verspreche ich.

Sie legt ihren Arm um mich. „Ich weine schon gar nicht mehr, Einstein", behauptet sie. „Es ist doch immer wieder dasselbe. Bin ich schon gewohnt", sagt sie schniefend.

Ich bin wohl eingedöst, denn Nina weckt mich und wedelt mit der Leine vor meiner Nase. „Wir gehen Gassi, Einstein, aber diesmal vergisst du es nicht wieder!" Ich glaube, sie ist wieder ganz in Ordnung.

Ich bin ja nicht so überzeugt von der Sache mit der Leine – aber ich komme wohl nicht drum herum.

Draußen ist es schon dunkel, das macht mir aber gar nichts aus. Mit den Straßenlampen ist es fast wie am Tag. Ich sehe in der Dunkelheit ohnehin viel besser als Nina. Deshalb geht sie viel langsamer und vorsichtiger und ärgert sich über mich, weil ich kreuz und quer herumrenne oder vor ihren Füßen stehen bleibe.

„Einstein, jetzt geh doch mal ordentlich an meiner Seite!", schimpft sie.

Okay, ich versuche es. „Welche Seite, links oder rechts?" Ich laufe um Nina herum, und weil ich keine Antwort bekomme, gleich noch mal. Und ehe wir uns versehen, habe ich die Leine um ihre Beine gewickelt, und sie rudert heftig mit den Armen, um nicht umzufallen. Ich würde ja lachen, aber ich schnüre mir gerade selbst die Luft ab. Es ist wie gehabt: Sie zieht am einen Ende, ich am anderen.

„Einstein, jetzt gib doch endlich nach, sonst bekommen wir den Knoten nie mehr auf!", ruft Nina.

Ich meine aber, dass sie mich in die falsche Richtung dirigiert. Wir ziehen und zerren, es wird immer enger und schließlich liegt Nina doch da. Ihr Kopf ist in Reichweite meiner Zunge; ich wedle und lecke sie ab. Ich finde es lustig, dass sie mal auf derselben Höhe ist wie ich.

„Hör auf!", kichert sie. „Ich wasche mich lieber mit Wasser!" Sie setzt sich auf und betrachtet kopfschüttelnd die gefesselten Beine. „Also Einstein, das hast du wieder gut hingekriegt!"

„Danke! Und jetzt befrei uns, bitte."

Sie schaut mich grübelnd an. „Das Beste wäre es, wenn ich dich losmache. Aber dann läufst du bestimmt weg, nicht wahr?"

„Nie im Leben!", waffe ich. „Ich gehöre doch zu dir!" Außerdem ist niemand sonst hier, dem ich hinterherlaufen könnte. Und ohne Nina finde ich sowieso nicht heim.

57

Sie löst die Leine und ich mache befreit einen Satz rückwärts und schüttle mich. Bald darauf ist auch Nina frei und hakt die Leine wieder ein.

„Brav, Einstein", lobt sie mich. „Jetzt komm, du musst doch Gassi."

Das hätte ich beinahe schon wieder vergessen. Jetzt habe ich es aber eilig! Diesmal bin ich derjenige, der an der Leine zieht. Nina ist heute Nachmittag mit mir zu einer Wiese mit Büschen und Bäumen gegangen. Da durfte ich dann frei herumtoben, wie Opa es versprochen hat.

„Von hier aus ist es nicht mehr weit zur Schule und zum Sportgelände", hat meine Freundin mir erzählt. „Wenn du ein bisschen größer bist, darfst du mal mit auf den Sportplatz und dann spielen wir Ball!"

Nina sorgt sich, dass ich mich in der Dunkelheit verlaufe, aber trotzdem lässt sie mich von der Leine. Ich muss mich erst mal ausgiebig wälzen und schütteln, um wieder Fell und Haut in die richtige Lage zu bringen. Bei all dem Herumgezerre verschiebt sich da einiges – und es ist ein Genuss, wieder richtig frei zu sein!

Auf dem Rückweg stellen wir beide uns schon viel besser an; zumindest sind wir uns endlich über die Richtung einig!

Zu Hause erwartet uns Ninas Mama. „Bist du noch böse?", fragt sie besorgt.

Nina schüttelt den Kopf. „Ich mag's einfach nicht, wenn ihr euch dauernd wegen mir streitet. Und ihr habt nie Zeit."

„Wir werden uns bessern", verspricht die Mutter. „Es tut mir Leid, Nina. Ich rede noch mal mit Papa, ja? Vielleicht können wir doch was machen."

Mädchen ohne Ende

Die nächsten Tage vergehen schnell und ich gewöhne mich immer besser ein. Eines Mittags erzählt mir Nina, dass ihre Freundinnen schon ganz neugierig auf mich seien, weil sie so viel von mir erzählt. „Diese Woche wollen sie alle mit zu uns nach Hause kommen, also benimm dich anständig!"

„Wiff!" Ich benehme mich immer anständig!

Und wirklich, als ich am nächsten Tag Nina freudig entgegenlaufe, stehen da auf einmal lauter fremde Mädchen.

Hups, da mach ich lieber erst mal kehrt.

Neben dem Schrank kauere ich mich zusammen und schau sie mir aus sicherer Entfernung an. Sie kichern und schwatzen alle durcheinander, und sie bewegen sich schnell und wie aufgescheucht. Das ist mir nicht ganz geheuer.

Dann aber geht eine in die Hocke und streckt die Hand aus. Sie hat lange dunkle Haare wie Nina und ist groß und dünn. „Na, komm doch mal her, Einstein. Ich tu dir bestimmt nichts."

Ich schiele zu Nina hoch, die neben mir steht. „Du brauchst keine Angst zu haben, geh nur zu Karin!", fordert sie mich auf.

Ich wackle auf Ninas Freundin zu. „Oh, ist der süß!", ruft sie.

Die anderen kreischen auch los und ich bleibe stocksteif stehen.

„He, macht nicht so einen Aufstand, das macht ihn ganz fertig!", ruft Nina.

Sie flüstern nur noch leise miteinander, als ich endlich bei Karin ankomme und an ihrer Hand schnüffle. Sie hat Schokolade gegessen, da will ich doch gleich die Reste ablecken. Ich wehre mich nicht, als sie mich hochhebt, und dann werde ich von Hand zu Hand gereicht und geknuddelt, bis ich das Gefühl habe, mein ganzes Fell ist weggerubbelt.

Jetzt habe ich keine Angst mehr und tapse hinter den Mädchen die Treppe hinauf, in Ninas Zimmer. Dort wird erst weitergeschmust und dann spielen wir Ball.

Ich habe inzwischen begriffen, was „Fußball" bedeutet. Nina hat es mir im Garten gezeigt – ein großer Ball wird mit dem Fuß geschubst. Ich habe das gleich mit meinem kleinen Bällchen nachgemacht und es hat großen Spaß gemacht.

Das erzählt Nina jetzt: „Einstein kann Fußball spielen!"

Sie rollt das Bällchen. „Los, Einstein! Her zu mir!" Sie hebt die Arme. Ich schubse das Bällchen zu ihr.

„Was für ein kluger Hund!", bewundern mich die Mädchen.

Und ob! Bevor Nina nämlich danach greifen kann, habe ich das Bällchen geschnappt und hopse davon! Eine wilde Jagd beginnt durch das ganze obere Stockwerk, dann die Treppe hinunter und durchs Wohnzimmer in den Garten. Irgendwann verliere ich den Ball und eines der Mädchen greift ihn und wirft. Diesmal werde ich hereingelegt – bevor ich drankomme, fängt ein anderes Mädchen das Bällchen und wirft es erneut.

So geht das, bis mir die Zunge bis zum Boden runterhängt. Aber auch Ninas Freundinnen keuchen. Wir machen eine Pause mit Saft, Schinkenbrot und Schokoriegel. Klarer Fall, dass ich was abbekomme, schließlich habe ich am meisten getan.

Und dann schlägt Nina vor: „Kommt, spielen wir noch mal Ball – aber Fußball!"

„Was, mit dem Tennisball?", ruft Karin.

„Aber klar, sonst wird Einstein doch erschlagen! Los, das macht bestimmt Spaß!"

Einige Mädchen bleiben erst mal sitzen, aber ich bin sofort dabei. Mit vielen Kindern macht es ja erst recht mehr Spaß! Und das merken auch die anderen, denn plötzlich sind alle auf dem Rasen. Wir rennen kreuz und quer herum, bis plötzlich alle ganz laut „Toooor!" schreien, als ich mit der Pfote den Ball zwischen zwei Büsche stoße – danach heben sie mich gemeinsam hoch und tragen mich einmal über den Rasen. Das ist ein lustiges Spiel!

„Das macht doch Spaß, oder?", keucht Nina am Schluss. Sie hat ein ganz erhitztes Gesicht und trinkt ein ganzes Glas auf einmal leer.

„Sag mal, Nina", meint Karin, „da steckt doch irgendwas dahinter, oder?"

Nina bekommt ihr Grübchenlächeln. Sie kann ziemlich schelmisch schauen, da muss jeder mitlächeln. Selbst ihre Mama, auch wenn sie gerade noch wegen irgendwas geschimpft hat. „Wie kommst du darauf?", fragt Nina.

„Du willst uns doch nicht wieder überreden eine Fußballmannschaft zu gründen, oder?"

„Und was wäre, wenn?" Nina nimmt mich auf den Arm. „Wir hätten sogar ein Maskottchen! Und sei ehrlich, es wäre doch schade, Einsteins Talent zu vergeuden!"

„Aber er darf doch gar nicht in die Mannschaft!", lacht Sabine. Sie ist klein und hellhaarig und hat viele Sommersprossen auf der Nase. Sie ist ziemlich flink, aber nicht so schnell und geschickt wie Nina.

„Nein, aber er könnte mit uns trainieren! Ach bitte, lasst es uns doch wenigstens mal probieren!", bettelt Nina. „Ich kann doch sonst nie Fußball spielen und mit euch macht es einfach Spaß!"

„Aber wir spielen doch sonst Volleyball ...", wendet Sabine ein.

„Bah, das ist doof und langweilig. Guck dir doch die von den höheren Klassen an, alles eingebildete Zicken, die das spielen. Und wenn ein Nagel abbricht, kreischen sie mordsmäßig rum!", wehrt Nina ab.

Die Mädchen zögern. Also muss ich ran, damit Nina endlich zu ihrem Spiel kommt. Ich pflanze mich genau in die Mitte, mache Männchen und wuffe auffordernd. „Wuff! Wiwiff!" Dann kippe ich langsam um.

Aber ich weiß, dass ich gut angekommen bin, denn sie fallen alle über mich her und beschmusen mich. „Also gut!", ruft Karin schließlich. „Probieren wir's halt, warum nicht? Aber nur, wenn Einstein mit dabei ist!"

„Versprochen!", strahlt Nina.

Fußballer brauchen ganz klar ihre Halbzeitpause.

Gerade noch gehalten!

So ist das eben, wenn man mit vollem Körpereinsatz spielt.

War ein ganz schön langer Sommer – was jetzt wohl kommt?

Na, du doofer Lutz, wo is' er denn, dein Rucksack?

Gut, dass Nina trotz des ständigen Trainings noch Zeit für mich hat.

Wow, da bin ich ja mal mächtig gespannt, wie das große Spiel ausgeht.

Opa vermisst!

Mein neues Zuhause ist wirklich toll. Das Futter ist so gut, dass man mir fast dabei zusehen kann, wie ich wachse. Jetzt bin ich weder kurzbeinig noch welpig-pummelig, obwohl Nina das schade findet, weil ich nicht mehr so wie ein Knuddel-Plüschtier aussehe, sagt sie.

Haus und Garten sind jetzt natürlich mein Revier, einschließlich Opas Wohnung. Ich sause die Treppen nur so rauf und runter und melde alles, was nicht hierher gehört. Egal, ob es Besuch ist oder der Briefträger. Sonst könnte ja jeder einfach reinkommen!

Hin und wieder bin ich vormittags allein, wenn Opa unterwegs ist. Er geht nämlich manchmal in die Stadt und kauft Krimskrams, wie Nina es nennt. In einem Raum neben der Garage sammelt er alles und erzählt tolle Geschichten dazu. Nina meint ja, das sei Geflunkere, aber das glaub ich nicht. Woher sollte Opa denn sonst das alles wissen?

„Hallo, Einstein", begrüßt mich Nina, als sie von der Schule heimkommt. „Ist Opa denn noch nicht da?"

„Nein, ich warte auf ihn." Ich umschmeichle Nina, damit sie mir ein Leckerli gibt. Dann spielen wir ein bisschen im Garten, aber plötzlich fängt es an zu regnen. Also machen wir es uns in ihrem Zimmer gemütlich.

Nach einer Weile schaut meine Freundin auf die Uhr. „Wo bleibt Opa denn nur? Er hatte doch versprochen hier zu sein. Er wollte mir bei meinem Aufsatz in Geschichte helfen. Da muss ich mich wohl alleine an die Arbeit machen."

Ich kann ihr bei den Hausaufgaben leider nicht helfen. Es stimmt schon, irgendwie fehlt Opa. Immer wieder laufe ich nach unten und sehe mich um, ob er nicht unbemerkt gekommen ist.

Schließlich kommt auch Nina runter. „Es wird bald dunkel, Einstein. Sonst bleibt er doch nie so lange fort …" Gemeinsam überlegen wir, was wir tun können. Dann ruft Nina ihre Mama an. „Weißt du, wo Opa ist? … Nein, eben nicht. … Kommst du bald heim? … Ja, bis gleich." Sie legt den Hörer auf und schaut mich an. „Mama kommt so schnell sie kann." Unruhig läuft sie von Zimmer zu Zimmer. „Wenn Opa nur endlich heimkäme!"

Als Ninas Mama nach Hause kommt, wirkt sie ziemlich aufgeregt. „Ist er da?", ruft sie schon an der Tür.

„Nein", antwortet Nina.

„Ich habe auf dem Nachhauseweg extra nach ihm Ausschau gehalten und ein paar Bekannte von ihm getroffen. Niemand weiß, wo er ist."

„Soll ich mit dem Fahrrad nach ihm suchen?", schlägt Nina vor.

„Nein, es ist schon zu dunkel." Ninas Mutter reibt sich die Stirn. „Er hätte nicht weggehen sollen. Heute früh war er irgendwie so durcheinander ... wahrscheinlich hat er sich verlaufen." Ernst schaut sie Nina an. „Du weißt ja, dass dein Großvater manchmal etwas verwirrt ist. Deswegen wollte ich, dass er in Zukunft Einstein mitnimmt, weil der Hund den Heimweg inzwischen gut kennt."

„In letzter Zeit ging es Opa aber doch gut!", protestiert Nina. Ihre Lippen zittern und ihre Augen sind feucht. „Was sollen wir denn nur machen, Mama?"

Ihre Mutter umarmt sie und gibt ihr einen Kuss. „Wir finden ihn schon, Nina, keine Sorge."

„Soll ich nach Opa suchen?", belle ich.

„Ruhig, Einstein", weist die Mutter mich zurecht. „Komm, Nina. Machen wir uns auf die Suche."

Wir laufen zu den Nachbarn und läuten überall, um nach Opa zu fragen. Aber niemand hat ihn gesehen und ich kann seine Spur auch mit der Nase nicht entdecken. Dann steigen wir ins Auto und fahren in die Stadt; immer wieder hält Ninas Mama an.

Nina wird zusehends unruhiger. „Es ist nicht das erste Mal", flüstert sie mir zu. „Ich hab immer schreckliche Angst, dass Opa was passiert …"

Es ist ziemlich spät, als wir endlich wieder nach Hause kommen. Jeder von uns hofft, dass Opa inzwischen auch daheim ist. Aber im Haus ist alles still, auch in Opas Wohnung.

„Mama, vielleicht ist er im … im Krankenhaus?", überlegt Nina ängstlich.

„Du hast Recht. Ich frage nach, ob er eingeliefert wurde." Ninas Mama telefoniert pausenlos und jedesmal haben wir banges Herzklopfen, bis die Antwort kommt: Nirgends ist Opa.

„Ich rufe jetzt die Polizei an", sagt Ninas Mutter zuletzt. „Wir müssen eine Vermisstenmeldung durchgeben. Das ist das Einzige, was mir noch einfällt."

Doch bevor sie zum Hörer greifen kann, läutet das Telefon. Ninas Mutter meldet sich und flüstert Nina aufgeregt zu: „Die Polizei!" Sie lauscht eine Weile, dann sagt sie: „Ja, vielen Dank! Sie wissen gar nicht, wie erleichtert wir sind. Wir kommen sofort!"

„Was ist, Mama?", drängt Nina.

Ihre Mutter lächelt erleichtert. „Sie haben Opa gefunden. Es geht ihm gut. Er hat sich tatsächlich verirrt und ist beinahe vor ein Auto gelaufen. Aber es ist alles gut gegangen. Sie versuchen schon die ganze Zeit uns anzurufen, aber wir waren ja unterwegs oder haben selber telefoniert. Wir können ihn jetzt abholen."

Wir spurten zum Auto, und ich bin froh, dass Nina und ihre Mama endlich beruhigt sind. Ich merke es daran, dass sie auf dem ganzen Weg unentwegt reden. Leider darf ich nicht mit in die Polizeistation, aber es dauert nicht lange und sie kommen in Begleitung von Opa zurück. Er geht ziemlich langsam und sieht bleich aus. Immer wieder drückt er Nina an sich und murmelt Unverständliches vor sich hin. So kenne ich ihn gar nicht. Ich würde gern eine Pfote auf seinen Schoß legen, aber durch das Schutzgitter komme ich nicht durch. So muss ich warten, bis wir zu Hause sind. Wir versammeln uns in der Küche, und Opa berichtet von seinem Erlebnis, während Ninas Mutter einen kleinen Schmaus zubereitet. Ich merke, dass Opa nicht mehr so durcheinander ist wie vorher.

Da läutet es an der Tür und gleich darauf höre ich Nina jubeln: „Papa! Was machst du denn hier?"

„Ich habe gehört, was passiert ist! Ich konnte euch nicht erreichen und bin deshalb gleich gekommen. Ist alles in Ordnung?"

„Ja, mach dir keine Sorgen", antwortet Ninas Mama.

„Es ist alles bestens!", meint Opa. Er erholt sich immer mehr und darüber bin ich sehr froh. „Ich hatte einen Blackout, das ist alles. So was passiert jedem, auch jüngeren Herrschaften, wie man im Fernsehen so sieht! Ich bin jedenfalls glücklich, dass ich euch damit wenigstens mal alle an einen Tisch gebracht habe!"

„Aber doch nicht unter solchen Umständen!", meint Ninas Papa. „Darüber macht man keine Witze!" Er umarmt Nina. „Und wie geht es dir, Spätzchen?"

„Ich bin froh, dass Opa wieder da ist", gesteht Nina. „Hoffentlich musst du nicht gleich wieder weg?"

„Nein, nein, natürlich bleibe ich noch. Das heißt, wenn deine Mutter nichts dagegen hat ..."

„Wieso sollte ich?" Hui, diesen Gesichtsausdruck von Ninas Mama kenne ich. So guckt sie immer, wenn sie sich über jemanden ärgert. Ihre Augen sprühen Funken.

„Schluss!", fährt Opa gleich dazwischen. „Wir können doch einfach mal nur beisammen sein, oder? Ich bin heil zurück und wieder völlig klar. Das ist doch ein Grund zum Feiern, oder?"

„Wau!", belle ich. „Kein Widerspruch!" Ich laufe um den Tisch und drücke nacheinander allen meine Nase in die Hand.

In der nächsten Zeit bleibt Opa zu Hause und versucht die Sachen in seiner Kammer zu sortieren. Die Tage werden sehr kurz und kalt. Schnee hat es leider nur wenig gegeben, schade. Da kann man Nasentauchen spielen oder Schneeballjagen, es ist alles viel lustiger. Mir macht die Kälte mit meinem Fell gar nichts und Firlefanz eigentlich auch nicht. Inzwischen kommt sie nämlich regelmäßig zu mir rüber. Sie ist mit ihrem Winterfell ganz dick und plüschig; trotzdem liebt sie es, sich an meinen Bauch zu schmiegen, und dann döst sie schnurrend. Oder sie hat Blödsinn im Kopf. Immer fällt ihr ein neues Spiel ein und die Puste geht ihr so gut wie nie aus. Wenn sie total übermütig ist, also ständig, springt sie an Türen und Fenstern auf und ab und hinterlässt ihre schwitzigen Pfotenabdrücke. Oder sie zerfetzt ein Stuhlkissen. Oder sie klaut irgendwas vom Tisch, das einer meiner Menschen vergessen hat. Meistens macht sie das nur, damit ich hinter ihr herfetze und ihr die Beute abjage.

Endlich waren wir auch mal zu Besuch bei

Ninas Papa. Ich mag ihn gern. Er ist groß und freundlich, seine Augen funkeln ganz hell und lustig. Wir haben einen Ausflug gemacht, viel gespielt und waren Würstchenessen.

Aber leider hat er das nächste Mal schon wieder abgesagt. Nina ist sehr traurig gewesen. Ich kann ihren Kummer verstehen. Ich hätte auch am liebsten immer alle beisammen, eine richtig große Familie.

Ninas Mama war erst recht sauer. Sie hat den Papa angerufen und furchtbar mit ihm geschimpft. Daraufhin ist Nina in ihr Zimmer gerannt und hat die Tür zugeknallt.

„Ich kann's nicht mehr hören!", hat sie vorher laut geschrien. „Immer streitet ihr euch wegen mir, aber das ist nicht meine Schuld!"

Ninas Mama ist dann raufgegangen und hat sie gebeten die Tür aufzumachen. „Es tut mir Leid", hat sie zu Nina gesagt. „Natürlich bist du nicht schuld. Ich ärgere mich nur, weil dein Vater seine Versprechen nicht einhält. Ich dachte, es wird besser, wenn wir uns trennen, aber es ist nicht so einfach."

„Ich wünschte, wir wären noch alle zusammen", murmelte Nina.

Ihre Mama nahm sie in den Arm. „Das funktioniert aber nicht mehr, Nina, sieh das doch ein."

„Dann hört wenigstens auf zu streiten!",

verlangte Nina. „Ihr seht euch doch so gut wie nie, könnt ihr nicht mal da Frieden geben?"

„Ich werde mich zusammennehmen", hat ihre Mama versprochen. „Und ich werde noch mal mit deinem Vater reden, damit er sich regelmäßig Zeit für dich nimmt."

„Wenigstens ist er da gewesen, als wir nach Opa suchten", flüsterte Nina. „Er hat uns nicht im Stich gelassen."

Warum müssen Menschen so kompliziert sein? Wenn Hunde sich mögen, können sie auch miteinander leben. Klar gibt's mal ein Geknurre und Gerangel, aber das ist schnell wieder vorbei. Warum können Menschen das nicht, wo sie doch so viel schlauer sind als wir?

Jedenfalls ist mir klar, dass diesmal ich, Einstein, schlauer sein muss. Irgendwie muss ich sie alle wieder zusammenbringen.

Da ich nun alt genug bin, darf ich bald mit zum Sportplatz. Bisher haben Nina und ihre Freundinnen nur in der Schulhalle Fußball spielen können, und da musste ich zu Hause bleiben. Angeblich haben Hunde nichts in der Schule verloren, und mit meinen Krallen soll ich den Boden der Halle kaputtmachen. Aber sobald das Wetter draußen gut genug ist, wird mich nichts mehr aufhalten! Ich weiß, dass alle sehnsüchtig auf mich warten – und ich will nicht hoffen, dass sie vorher aufhören zu spielen und Nina wieder niemanden hat.

Mein Körper hat sich inzwischen gestreckt und ist langbeiniger geworden, mein goldfarbenes Fell glatt und seidig, mit weißen Plüschbehängen an den Flanken. Ich bin jetzt kein kleiner Pummel mehr, den man auf den Arm nimmt. Leider passe ich auch auf keinen Schoß mehr. Aber in Ninas Bett schlafe ich natürlich immer noch und verschwinde rechtzeitig vor dem Wecken. Ninas Mama merkt nie was.

Inzwischen haben Nina und ich uns sogar mit der Leine geeinigt. Wenn ich weiß, wohin es geht, führe ich. Auf unbekanntem Gelände führt Nina, aber nicht zu langsam. Sonst werde ich ungeduldig.

Nur eines finde ich blöd: Jetzt, wo Nina versprochen hat, dass ich mit zum Ballspielen darf, regnet es dauernd. Hoffentlich wird es bald besser!

Von wegen Babyfußball

Endlich wird es doch besser! Ein Wuff darauf, ich habe dieses Mistwetter allmählich satt! Vom Regen wird mein Fell ganz schwer, da mag ich gar nicht nach draußen. Und Ninas Mama kriegt Zustände, wenn ich mich nach dem Gassigehen schüttle. Sie behauptet, dass ich dann den halben Flur unter Wasser setze. Aber irgendwie muss ich das doch loswerden und draußen im Regen bringt es ja nichts!

Doch eines Morgens sind auf einmal alle Wolken wie weggeblasen. Die Sonne scheint, und endlich kann man wieder durch Pfützen laufen, ohne Angst haben zu müssen zu ertrinken. Nina ist mindestens genauso glücklich wie ich und verspricht mir schnell heimzukommen. Leider wird es ja immer noch sehr früh dunkel.

Als Nina kommt, fliegt der Ranzen in die Ecke, sie wechselt die Sachen und isst schnell einen Happen. Ich bekomme zu dieser Zeit ja leider nichts mehr, nur noch morgens ein kleines Frühstück und abends einen vollen Napf.

„Opa, wir sind auf dem Sportplatz!", ruft sie,

schon halb auf dem Weg nach draußen. Da muss ich mich beeilen!

Sie holt ihr Fahrrad und nimmt mich an die Leine. „Kein Chaos veranstalten, Einstein, klar?", ermahnt sie mich.

Aber mit dem Fahrrad passe ich immer auf. Nina könnte ja sonst stürzen und sich wehtun. Nachdem sie mir erklärt hat, wie man nebenherläuft, und wir viel geübt haben, klappt es gut.

Ab der Wiese darf ich sowieso frei laufen. Da habe ich dann genug Zeit zum Schnuppern und Gucken, weil Nina nicht so schnell fährt. Menschen haben es ja immer eilig, ständig müssen sie ganz dringend irgendwohin. Wir Hunde lassen uns da viel mehr Zeit, um keine Nachrichten zu verpassen und alles gründlich zu untersuchen. Für mich ist der Weg eigentlich wichtiger als das Ziel.

Heute ist er ganz besonders aufregend. Nicht nur, weil es natürlich jede Menge neue Gerüche gibt, sondern auch, weil ich auf dem Sportplatz Ninas Freundinnen wieder sehe! Da können wir spielen und toben, bis wir vor Müdigkeit umfallen.

Auf dem Sportplatz sind aber noch viel mehr Menschen; die meisten in Ninas Alter, aber auch etwas ältere. Es ist ein großes Gelände mit mehreren Bereichen, in denen unterschiedliche Sachen gespielt werden. Manche laufen auch um die Wette oder springen über Hindernisse.

Ninas Freundinnen erwarten uns schon sehnsüchtig. Wenn das Wetter in der letzten Zeit nicht zu schlecht war, haben sie Nina oft besucht und sind mit mir spazieren gegangen. Sie gehören jetzt alle zu meinem Rudel, das ist wirklich toll.

Ich begrüße sie der Reihe nach stürmisch und sie müssen aufpassen, dass ich sie nicht umwerfe. So groß und schwer bin ich inzwischen!

Dann kommt ein Mann mit einer Trillerpfeife auf mich zu und begutachtet mich.

„Herr Rieder, das ist Einstein, unser Maskottchen", stellt Nina mich vor. „Er darf doch beim Aufwärmen mittrainieren, oder?"

Herr Rieder ist ziemlich groß und kräftig. Ich habe schon von ihm gehört, er unterrichtet Sport an der Schule und kümmert sich um Ninas Team. Ich wedle ihn freundlich an und hebe leicht meine rechte Pfote. Er nimmt sie kurz und streichelt dann meinen Kopf. „Du bist aber ein wohlerzogener Hund", lobt er mich.

„Und schlau dazu!", fügt Karin hinzu.

„Und er kann Fußball spielen!", ruft Sabine hinterher.

„In Ordnung, dann macht euch mal bereit."
Herr Rieder pustet in die Pfeife und klatscht in die Hände. „Aufwärmtraining, Ballübungen!"

Und los geht es! Wuffie, was für ein Spaß! Endlich darf ich auch mit dem richtigen, großen Ball spielen! Wenn ich ihn anstoße, saust er nur so durch die Luft! Vor lauter Begeisterung höre ich kaum Ninas Kommandos. Ich renne mit dem Ball um die Wette, schnappe ihn den Mädchen vor der Nase weg und stoße ihn wieder an, abwechselnd mit der Nase oder der Pfote. Manchmal verheddern sich dabei meine Beine und ich purzle über den Ball. Dann ist sofort ein Mädchen an meiner Seite und schubst den Ball von mir weg. Da muss ich sehen, dass ich hinterherkomme!

Schließlich fliegt der Ball hoch durch die Luft.

„Kopfball!", rufen einige Mädchen. „Kopfball, Kopfball!"

Das mache ich! „Wau-wau!" Ich stoße mich ab und schnelle hoch, fliege richtiggehend durch die Luft, dem Ball entgegen. Ich habe es gut abgeschätzt, der Ball fällt genau zu mir herunter. Ich öffne das Maul weit und beiße kraftvoll zu.

„Pffrrt-pflllpffff!"

Hmpf ... was ist jetzt los? Wieso macht der Ball auf einmal schlapp? Na egal, ich habe jedenfalls gewonnen. Stolz trage ich den Ball zu Herrn Rieder und lege ihn vor seine Füße. Dann setze ich mich schwanzwedelnd in Positur, hebe eine Pfote und warte auf Lob.

„Einstein, du Tollpatsch, was hast du jetzt wieder gemacht? Du sollst doch nicht zubeißen!", ruft Nina und hält sich den Kopf. Die anderen lachen sich schief.

„Wuff!" Wo bleibt das Lob?

„Danke, Einstein." Herr Rieder nimmt das schlaffe Ding, das mal der Ball war, und hält es hoch. „Ähm ... sehr schön. An ... ähm ... an deiner Kopfballtechnik müssen wir noch ... mhmm ... arbeiten. Ansonsten ... gut gemacht."

„Wau!" Ich springe wedelnd auf. „Danke!"

„Soll ich einen Ersatzball holen?", bietet Nina an.

„Keine schlechte Idee. Zum Glück habe ich immer welche dabei." Herr Rieder pfeift kurz. „Also, Mädchen, ihr habt gesehen, wie es Einstein gemacht hat. Abgesehen vom Schluss hat er sich sehr geschickt angestellt und ihr könnt einige Ausweichfinten von ihm abschauen. Dann gehen wir mal zum Spiel über. Einstein, du bleibst jetzt bei mir und schaust zu, da kannst du was lernen."

In Ordnung. Ich bin ohnehin müde und ruhe mich gern ein bisschen aus.

Nach einer Weile juckt es mich dann aber doch, wieder mitzumachen. Aber Herr Rieder hat mich vorsorglich an die Leine genommen. Ich soll an meinem Platz bleiben, wenn es mir befohlen wird, seufz. Immer wieder ruckt mein Kopf hoch, die Ohren gehen nach vorn. Dann bette ich die Schnauze wieder brummelnd zwischen die Vorderpfoten.

Nina spielt am tollsten, finde ich. Sie ist schnell und wendig, und ihr langer Pferdeschwanz weht nur so hinter ihr her. Aber auch die anderen Mädchen sind gut. Sie gucken alle ernst, weil sie ständig aufpassen müssen. Trotzdem haben sie Spaß, denn sonst würden sie ja aufhören.

Ganz am Schluss darf ich auch noch mal mitspielen. Nina zeigt mir, wo ich den Ball hinschubsen muss, ins „Tor", und wenn ihn keiner aufhält, habe ich gewonnen. Dabei muss ich aber auf die Richtung achten. Ein Tor ist gut, das andere schlecht. Das ist mir aber eigentlich egal, Hauptsache, wir spielen. Leider ist alles zu Ende, bevor ich das Tor erreicht habe. Vielleicht das nächste Mal!

Herr Rieder lobt uns alle und sagt, wann wir wiederkommen dürfen. Wir gehen zum Umziehen; ich muss natürlich draußen warten, aber das ist in Ordnung. Wie praktisch doch ein Fell ist!

Als die Mädchen wieder rauskommen, werden wir auf einmal von ein paar Jungs umringt. Sie sind wohl ein bisschen älter als Nina.

„Was soll der denn darstellen?", fragt einer und deutet auf mich. Ich kann riechen, dass er der Anführer ist.

„Das ist unser Maskottchen", antwortet Nina.

Die Jungs lachen abfällig. „Was für ein Quatsch. Wir haben euch mal zugeschaut. Kein Wunder, dass ihr so ein Babyfußball spielt, bei so einem Maskottchen!"

„Das ist gar nicht wahr!", fährt Karin ihn an. „Du spielst garantiert nicht mal halb so gut wie Einstein!"

„Einstein? Heißt der so? Ziemlich doofer Name für 'nen dummen Köter!"

„Er ist nicht dumm, aber das kapierst du sowieso nicht, Lutz!", verteidigt Nina mich. Ihre Freundinnen machen ebenfalls ihrer Empörung lautstark Luft.

„Was hast du denn für ein Maskottchen?", will Sabine wissen. „Einen Hamster?"

„Nee, unser Maskottchen ist GL!", verkündet Lutz großartig.

„Was soll das denn sein?", kichert Sabine. „Die Grüne Laterne aus euren Comics?"

„Quatsch!", schnaubt Lutz. „GL ist ein grüner Leguan, und deswegen heißt er auch so, kapiert? Er gehört Mick hier." Er deutet auf den Jungen neben sich. Er ist kaum größer als Nina, hat verwuscheltes helles Haar und Sommersprossen wie Sabine. Er zieht ein bisschen die Schultern zusammen. Ich bin sicher, dass er sich neben Lutz nicht wohl fühlt.

„Echt?", sagt Nina zu Mick. „Du hast einen Leguan?"

Er nickt. „Ja ... daheim." Er schaut zu Boden. Mick ist schüchtern! Ich mag ihn, er hat einen frischen, angenehmen Geruch. „Willst du ihn dir mal anschauen?"

„Ja, klar!", ruft Nina. „Gleich?"

„Na ja ... ich ... also gut."

„Den wollen wir alle sehen!" Karin ergreift die Gelegenheit, bevor Mick es sich anders überlegen kann. „Ist es weit zu dir?"

„Nein, vielleicht zehn Minuten zu Fuß. Kommt ihr alle mit?" Mick bringt seine Haare noch mehr in Unordnung. Ich merke, wie nervös er ist.

Sabine nickt. „Wenn deine Eltern nichts dagegen haben ... wir bleiben auch nicht lang. Aber das lassen wir uns nicht entgehen!"

„Ach, das geht schon, wahrscheinlich ist eh niemand da", meint Mick.

„Also, ich geh nicht mit!" Lutz hebt abwehrend seine Hände. „Mit all den Kichergänsen da ... nein, danke. Kommt, wir hauen ab."

Dagegen habe ich gar nichts. Und ich habe das Gefühl, dass Mick auch froh ist seine Kumpels los zu sein. „Gehen wir", fordert er uns auf.

Achtung, Drache!

Mick wohnt auf der anderen Seite des Sportplatzes, entgegengesetzt zu uns. Unterwegs taut er ein bisschen auf und erzählt, dass GL ein Reptil ist und wechselwarm. „Das heißt, er hat kein Fell oder Federn, sondern nur eine Schuppenhaut und er hat keine innere Heizung, so wie wir oder Einstein. Er braucht viel Wärme von außen. Wenn er die nicht bekommt, hockt er kalt und steif gefroren da und kann sich nicht rühren."

„Echt, und wo hältst du ihn?", fragt Nina.

„In einem hohen Terrarium, einem Glasbehälter", antwortet Mick. „Ich habe es mit Mulch und vielen Ästen eingerichtet, einem Wasserabteil, Wärmelampen und Heizsteinen. Da fühlt er sich wohl. Aber er darf auch draußen rumlaufen."

Sabine geht einen Schritt langsamer. „Ehrlich? Der kriecht frei rum?" Sie macht ein zweifelndes Gesicht.

„Ja, er ist ganz zahm und tut niemandem was. Natürlich ist er kein Schmusetier wie Einstein."

„Kann man das mit allen Leguanen machen?"

„Mit vielen grünen Leguanen, aber die sind auch nicht alle gleich. Man muss es ausprobieren."

„Und wie groß ist er?"

„Na, mit Schwanz über einen Meter." Mick hält die Hände ziemlich weit auseinander.

„Was?", ächzt Sabine. Einige Mädchen machen erschrockene Gesichter. „Der frisst uns doch auf!"

„Ach nee!", versichert Mick fröhlich. „Er ist reiner Vegetarier und frisst nur Obst, Salat und Gemüse! Außerdem ist er sehr manierlich, im Sommer kann ich sogar mit dem Hasengeschirr mit ihm in den Garten gehen! Da kann er dann mal echtes Sonnenlicht genießen."

Mick hat inzwischen sein Haus erreicht und öffnet die Tür. Außer uns ist niemand da. „GL!", ruft er. „Wo bist du?"

Wir gehen alle rein, einige Mädchen aber langsamer als Nina. Sie schauen sich vorsichtig um. „Ist er vielleicht im Terrarium?", hofft Sabine.

„Nein, da habe ich grad nachgesehen", ertönt Micks Stimme aus einem Zimmer. Er kommt zu uns zurück. „Gehen wir einfach ins Wohnzimmer, ich finde ihn schon."

Ninas Freundinnen drängen sich in der Mitte des Wohnzimmers zusammen. „Also, ein unsichtbares Tier ist schon irgendwie unheimlich", meint Karin. „Was machst du denn nachts, wenn er über dein Gesicht läuft?"

„Iiih!", quietscht Sabine.

Mick lacht. „Dann schläft er doch. Ich sagte ja, dass er viel Wärme braucht. Außerdem sperre ich ihn ein. Meine Mutter mag das nämlich auch nicht." Er guckt in alle Ecken, hinter das Sofa, auf den Schränken. „Übrigens hat Lutz totalen Schiss vor GL", berichtet er. „Er wollte nur vor euch angeben. Er hat ihn noch nie gesehen, nur auf einem Foto."

„Dann können wir ihm ja das nächste Mal einiges erzählen", meint Nina vergnügt. „Wir haben nämlich keine Angst, richtig?"

„Richtig", kommt es ein bisschen zaghaft zurück.

„Wuff!", mache ich. Wovor sollte ich Angst haben? Alles, was in einem Haus lebt, ist kleiner als ich! Abgesehen von einem anderen Hund natürlich, einer Dogge oder so was. Aber das zählt in diesem Fall nicht.

Während meine Freunde rumstehen und schwafeln, kann ich mich nützlich machen. Mit der Nase am Boden suche ich das Haus ab. Die anderen sind so beschäftigt, dass sie meine Abwesenheit gar nicht bemerken.

Dumm ist nur, dass ich keine Ahnung habe,

wie ein grüner Leguan riecht. Ich bin fremd hier und kenne die Gerüche des Hauses nicht. Bei Nina zu Hause wäre das leichter, da entdecke ich sofort jede fremde Spur. „Schnuff-schnuff-schnuff!" Gut, dass ich eine richtige Nase habe, nicht so ein eingedätschtes Runzelding wie ein Boxer.

Bei uns in der Gegend lebt nämlich ein Boxer, Tapsi heißt er. Er hat eine tolle Figur mit seinem kurzen, glatten Fell, dem Riesenbrustkorb und der schlanken Taille. Und seine Ohren sind nicht ganz so schlapp wie meine. Er ist lustig und verspielt und heißt Tapsi, weil er dauernd in den Dreck fällt. Aber eine Spur aufnehmen kann er überhaupt nicht. Er tut zwar immer wichtig, prustet und schnaubt, aber es kommt nichts dabei heraus. Irgendwie ist er ein bisschen wie Firlefanz. Die beiden müssten sich eigentlich gut verstehen.

„Zuschsch!"

Ich bin so verdutzt, dass ich nicht mal aufjaule, obwohl es ganz schön auf der Nase brennt! Instinktiv mache ich einen Satz rückwärts.

Aus purer Gewohnheit habe ich mich in der Küche umgesehen; das ist schließlich der wichtigste Ort im Haus. Und da in einer Lücke zwischen Schrank und Fenster gab's was auf die Nase!

Vorsichtig schaue ich ins Dunkle, nach links und rechts, nach oben und unten. „Hallo?", wuffe ich leise. „Das bist du doch, oder? GL oder wie du heißt. Komm raus!"

„Zzzzisssssch ab!", faucht es knapp über mir aus dem Dunkel heraus. Diesmal bemerke ich den Angriff rechtzeitig und weiche zurück. Ein langer, dünner Schwanz wie eine Peitsche pfeift knapp vor meiner Nase vorbei und verschwindet wieder im Dunkel. „Hch-ch-ch! Geh!"

Es ist eine sehr fremde, kalte, zischende, fauchende Stimme.

Brr, da läuft es mir kalt über die Ohren. Ich bin mir nicht sicher, ob so jemand mein Freund werden kann.

„Zeig dich doch endlich! Ich tu dir nichts, bestimmt nicht!", bettle ich.

„Ichchch hab keine Angsssst", faucht GL. „Aber ichchch will mit deinesssgleichchchchen nichtsss zzzu tun haben."

„Meinesgleichen?"

„Fellträger, Ssschuhlecker, Sschleicher. Wir sssind Feinde, Warmblut und Kaltblut."

„Was für ein Unsinn! Wir leben alle bei den Menschen als Haustiere. Keiner von uns muss jagen oder so. Also können wir Freunde sein!"

„Niemalsss! Zzzu verschieden sssind wir."

Das wird mir entschieden zu blöd. Wenn er sich nicht zeigen oder mit mir reden will, bitte. Ich melde jetzt Mick aber, dass ich GL gefunden habe. „Wau! Wau-wau! Hierher, in die Küche! Ich habe ihn!"

„Sssiehssst du", zischt GL aus dem Dunkel, „ssso ssseid ihr Warmblüter!"

Und dann kommt er endlich zum Vorschein. Wuha, was für ein Wesen! Es ist ein Drache, jawohl, Opa hat uns mal davon erzählt! Ich mache noch einen Satz rückwärts. GL hat wirklich gar kein Fell, sondern grüne Schuppen mit schwarzen Streifen und einen Schwanz, der fast doppelt so lang ist wie er selbst. Seine Finger und Zehen sind sehr lang und dünn, mit kräftigen Krallen. Vom Kopf über den Rücken hinab zieht sich ein gezackter Kamm. Man sieht keine Ohren, und seine Augen sind hellfarbig, klein und rund. Sein Maul ist so geformt, dass er einen ziemlich grantigen Gesichtsausdruck hat, was ich gar nicht so unpassend finde. Sein Kehlsack ist mächtig aufgebläht.

Aber – er hat keine Zähne! Ich kann es genau sehen, als er mich mit offenem Maul anzischt. Das heißt also, er kann mir überhaupt nichts tun, ich muss nur außer Reichweite des Schwanzes bleiben.

Vorsichtig strecke ich eine Pfote in seine Richtung aus. „Es ist doch alles in Ordnung!", winsle ich.

„Ach, da bist du ja!" Mick ist hereingekommen.

„O nein", stöhnt GL. „Warum konntessst du michchch nichcht einfachch hierlasssen?" Aber er wehrt sich nicht, als sein Herrchen ihn hochnimmt.

„Du magst deinen Menschen ja doch!", waffe ich.

„Man arrangiert sssich", erwidert GL.

„Es ist eben alles relativ", murmle ich.

Nina und ihre Freundinnen umringen derweil Mick und bestaunen den Leguan.

Nina wagt es als Einzige sogar, ihn anzufassen. „Irgendwie rau, aber nicht unangenehm", stellt sie fest.

„Warum hältst du dir nur so ein Tier?", will Sabine wissen.

„Ich interessiere mich sehr für Reptilien und Amphibien", antwortet Mick. „Ich finde das viel spannender als Hunde und Katzen oder so. Natürlich muss man sich schon ein bisschen damit auskennen, und ohne Zucht-Bescheinigung darf man Leguane und so was gar nicht halten, damit sie in der Wildnis nicht aussterben. Ich habe eine Menge Bücher darüber, die kann ich euch zeigen!"

Wir gehen in Micks Zimmer, wo auch das große Terrarium steht. Er setzt GL hinein und verschließt die Glastür. GL klettert erstaunlich schnell und geschickt über die Äste nach oben und hockt sich unter eine Lampe.

Ich spreche ihn noch mal an, aber er würdigt mich keines Blickes mehr. Reptilien sind also ganz anders als wir, das muss ich einsehen. Deshalb hat er auch diesen merkwürdigen Namen – eigentlich eine Abkürzung. Es passt zu ihm.

Schließlich schaut Nina auf die Uhr. „Oje, ich muss nach Hause!", ruft sie.

Hastig brechen wir alle miteinander auf. Ich glaube, wir haben einen neuen Freund gewonnen – Mick. Er hatte gar keine Angst vor den vielen Mädchen, wie ich beim ersten Mal. Vielleicht spielt er mit uns Fußball? Ohne den Leguan natürlich. Ein merkwürdiges Maskottchen, das man nicht mitnehmen kann – und das nicht mitspielt!

Silvester mit Caruso

Ninas Mama erwartet uns schon ungeduldig. „Da komme ich mal früher nach Hause und dann ist niemand da!", sagt sie vorwurfsvoll.

„Wieso, ist Opa nicht da?", will Nina wissen.

„Nein, er ist auf den Flohmarkt gegangen und wollte nicht vor sieben zurück sein. Mich interessiert eher, wo du warst, meine Dame." Die Mutter stellt mit Wurst und Käse beladene Teller auf den Tisch. Ich sitze vor meinem Napf und warte. Ich will sie lieber nicht erinnern, so gereizt wie sie im Moment ist.

„Einstein und ich waren auf dem Sportplatz, und anschließend sind wir zu Mick gegangen und haben seinen Leguan angeschaut!" Nina breitet die Arme aus. „Das ist so ein Riesenvieh, der helle Wahnsinn! Mick versteht ganz schön viel davon, echt toll!"

„Und dabei hast du übersehen, dass es dunkel wurde."

„Es wird ja so früh dunkel. Ich musste einfach –"

„Ich verstehe, dass du neugierig warst. Aber

ich will nicht hoffen, dass du jetzt auch so ein Tier willst!"

„Nein, keine Sorge", lacht Nina. „Ich darf Mick jederzeit besuchen. Einstein ist mir aber viel lieber."

Na, das versteht sich ja wohl von selbst!

„Was hast du denn auf dem Sportplatz gemacht?", erkundigt sich die Mutter.

Ich habe mit der Pfote meinen Napf in ihre Richtung geschoben. Sie schaut zu mir herunter und lacht. Dann holt sie endlich die Dose.

„Fußball gespielt!", strahlt Nina. „Ich hab dir doch erzählt, dass wir angefangen haben in der Halle zu trainieren. Herr Rieder ist unser Trainer; das hat er mir versprochen, wenn ich es schaffe, ein Team aufzustellen. Du, ich glaub wirklich, dass wir eine feste Mannschaft werden. Bis jetzt sind alle dabeigeblieben!" Sie setzt sich an den Tisch und greift zu.

Ich habe mein Futter natürlich längst verschlungen.

Ninas Mama setzt sich zu ihr. „Dass du das geschafft hast, finde ich wirklich toll, Nina."

„Sag mal, wenn es dann wieder länger hell ist, dann kommst du doch mal zugucken, ja?" Ninas Stimme ist voller Hoffnung. „Wir sind wirklich gut!"

„Du weißt ja, wie lange ich meistens arbeiten muss …"

„Aber wenigstens einmal die Woche! Oder alle zwei Wochen! Bitte, Mama, ich möchte dir so gern zeigen, wie wir spielen!"

„Ich werde sehen, was ich machen kann, einverstanden? Übrigens könnte ja auch mal dein Vater kommen, dann wechseln wir uns ab."

Ninas Augen leuchten auf. „Eine gute Idee! Das werde ich ihm nachher erzählen!"

Hmm, die Idee ist nicht schlecht. Aber wieso wollen sich die beiden abwechseln? Es wäre doch viel besser, wenn sie gemeinsam zuschauen und Nina anfeuern!

Bald darauf kommt Opa. „Da war wieder was los", erklärt er. „Ich war ganz am anderen Ende der Stadt und es gab viel zu sehen!"

Ninas Mama schaut auf die Uhr. „Aber immerhin bist du pünktlich."

„He, ich verirre mich ja nicht ständig!", fährt Opa auf. „Wird mir das ewig nachhängen?"

„Ist ja schon gut", beschwichtigt Ninas Mama.

Opa zwinkert Nina zu. „Ich muss dir nachher unbedingt was zeigen!"

Also gehen wir nach dem Essen noch mal rüber zur Garage, in den kleinen Nebenraum, wo sich schon viele Sachen stapeln. Ich bewundere Opa, wie er immer noch einen Platz für neue Sachen findet. „Wie findest du das?" Er zeigt einen viereckigen Kasten mit einem riesigen, trichterartigen Teil drauf.

„Ist das ein Grammophon?", fragt Nina.

„Aber genau!" Opa strahlt, wie ich es bei ihm noch nie gesehen habe. „Es war ganz schön schwer, das Ding allein herzuschaffen, aber es hat sich gelohnt! Es ist von 1925, genauso ein Ding, wie wir es zu Hause hatten!"

„Aber ... du hast doch gar keine Platten mehr dafür!"

„Das macht nichts, es funktioniert ja auch nicht."

Nina hält sich die Hand vor den Mund und kichert. „Dann bringt das doch nichts, oder?"

Opa hebt den Zeigefinger und legt los: „Liebes Kind, darauf allein kommt es nicht an. Der Erinnerungswert ist es, der zählt! Abgesehen davon kann ich es bestimmt reparieren. Und glaub bloß nicht, dass es keine Platten mehr dafür gibt. Da muss ich nur spezielle Märkte abklappern, was glaubst du, was andere Leute auf dem Dachboden rumliegen haben!"

„Na, dasselbe, was du hier rumliegen hast", meint Nina. „Mama kriegt irgendwann 'nen Anfall."

„Deswegen sperre ich ja immer ab."

Allerdings hat auch Nina einen Schlüssel zu diesem Raum. Manchmal spielen wir allein

95

hier drin, Opa hat es erlaubt. Dann sucht Nina alles Mögliche zusammen und baut eine Art Festung, die ich erobern muss, oder wir verkleiden uns. Manchmal spielt sie auch Detektivin und ich bin ihr Spürhund. Oft müssen wir niesen, weil weiter drin schon alles voller Staub ist, aber das macht nichts.

Opa reibt sich vergnügt die Hände. „Es ist wirklich ein Original, schau mal, man kann ‚Deutsche Grammophongesellschaft' sogar noch lesen! Genauso eins wie bei uns daheim! Silvester hat Enrico Caruso gesungen und Onkel Friedhelm und Tante Edelgunde haben dazu getanzt!"

Nina kichert. Ich finde diese Namen allerdings auch lustig. „Was haben sie denn getanzt?"

„Walzer, Foxtrott, Charleston, was man damals eben tanzte. Es gab Bratäpfel mit Vanillesoße und einen Punsch, und ich durfte bis Mitternacht aufbleiben. Ich hab auch getanzt, mit Lenchen, dem Mädchen von gegenüber." Opa seufzt verträumt. „Mein Lenchen war wunderbar ..."

„Aber Opa, da musst du doch noch ein kleiner Junge gewesen sein."

„Na, irgendwann war ich älter, und das Grammophon war immer noch da, und auch Lenchen! Bis Onkel Friedhelm dann mal Tante

Edelgunde zu viel Schwung gab und sie in das Grammophon fiel. Es gab nur noch Splitter, die wir alle aus ihr rausziehen mussten. Kein Silvester war danach mehr so lustig. Und das Lenchen zog in eine andere Straße. So war das." Plötzlich deutet Opa aufgeregt auf mich. „Ja, genau so! Genau so hat der Hund vor dem Grammophon gesessen und der Stimme seines Herrn gelauscht!"

Ich lege den Kopf schief. „Ja, so!", jubelt Opa. „Schade, dass ich gerade keinen Fotoapparat greifbar habe!"

„Waff?" Ich sitze nur deswegen da, weil es der einzige freie Platz ist. Ich hoffe ja, dass der Trichter nicht auf einmal losgeht und mich einsaugt, wie der Staubsauger von Ninas Mama. Der macht einen Höllenlärm und verschlingt alles, was nicht niet- und nagelfest ist.

Nina hört aber gar nicht mehr richtig zu. Opa merkt das sofort und fragt sie, was los ist. Sonst kann sie von seinen Geschichten nicht genug kriegen.

Sie erzählt vom Fußball und wie gern sie mal ihre Eltern dabei hätte. „Wir unternehmen überhaupt nichts mehr gemeinsam", beklagt sie sich. „Papa hat genau dasselbe gesagt wie Mama: Er weiß nicht, ob er's schafft, aber er will es versuchen."

„Hmm ... vielleicht müsste man ihnen ein

bisschen auf die Sprünge helfen", schlägt Opa vor.

„Gute Idee, aber wie?" Nina hebt die Schultern. „Mir versprechen sie immer alles, nur halten tun sie's dann nicht."

„Dann überlass es einfach mir." Opa deutet auf sich. „Ich denke, mir fällt schon was ein."

„Das wäre toll, Opa, wirklich!" Nina lächelt schon wieder. Am besten, ich unterstütze Opa, dann muss es ja klappen.

Mensch, Opa!

In den nächsten Tagen grübelt Opa an unseren gemeinsamen Vormittagen, wenn niemand sonst da ist, darüber nach, wie er Nina helfen kann. Aber irgendwie scheint er nicht recht weiterzukommen.

Meistens bleibt er ja länger am Frühstückstisch sitzen und liest Zeitung. Mir ist das recht, denn oft fällt dabei was für mich ab. Manchmal, wenn Opa ganz vertieft ins Lesen ist, stibitze ich ein Stückchen Wurst von seinem Teller. Der steht nämlich immer so nah am Tischrand, dass ich nur ein bisschen den Kopf recken muss. Dann mache ich die Zunge lang und wickle sie um die Wurst. Schwupps, weg ist sie.

Das darf ich bloß nicht machen, wenn Ninas Mama oder Nina selbst dabei sind. Ich hab schon ein paarmal eins auf die Nase gekriegt, wenn ich nur mal schnuppern wollte. Kann ich was dafür, dass mein Kopf inzwischen schon so hoch reicht? Das ist prima. So habe ich endlich mal den richtigen Überblick.

Und weil ich auch sonst den Überblick habe,

weiß ich, dass Opa ziemlich zerstreut ist und schnell ein Vorhaben vergisst, wenn er nicht gleich auf die Lösung kommt. Also muss ich ihn erinnern.

Ich bohre mit der Nase unter Opas Arm hindurch und schiebe die Zeitung beiseite. „Wau! Denk lieber nach, lesen kannst du nachher auch noch!"

„Einstein, was ist denn?" Opa guckt zu meinen Näpfen. „Du hast doch Wasser, was willst du noch?"

Ich richte mich auf und schaue über den Tisch.

„Du weißt, dass du das nicht darfst!", ermahnt Opa mich. Aber es liegt eh nichts Essbares mehr rum.

Mit der Pfote stupse ich Ninas Teller an. „Wau!"

Opa runzelt die Stirn. „Und?"

Wie deutlich muss ich denn noch werden? Ich laufe hinauf zu meinem Körbchen und hole mein Bällchen. Ich sammle meine Spielsachen nämlich immer im Körbchen, weil Ninas Mama sie mir sonst verräumt, und das kann ich nicht leiden. Ich steige wieder am Stuhl hoch und lege mein Bällchen auf Ninas Teller.

Endlich dämmert es ihm! „Ach so, wegen Nina! Ja, Einstein, du hast Recht. Ich muss bald was unternehmen. Der Frühling ist schon da und bisher hat noch keiner ihr Training besucht. Außer uns beiden natürlich! Was meinst du, soll ich tun?"

Na, das ist doch ganz einfach! Ich hole die Hausschuhe von Ninas Mama und setze sie auf ihrem Stuhl ab. Dann hole ich einen Schuh von Ninas Papa, den ich mal in seiner Wohnung zerkaut habe und dann behalten durfte. Ich lege ihn auf den letzten Stuhl, der nur selten besetzt ist. Mit der Nase schiebe ich Ninas Teller auf den freien Platz und tupfe mit der Pfote an den Teller von Ninas Mama. „Wuu-wuu!"

„Einstein, du bist genial!", ruft Opa. Er packt mich und drückt mich an sich. „So machen wir es. Ich lade die beiden zum Essen ein, natürlich wenn Nina mal weg ist, und ohne es ihnen zu verraten. Dann sind sie überrumpelt und müssen sich anhören, was ich zu sagen habe. Ist das ein guter Plan?"

Na klar. Schließlich ist er von mir!

Mit der Einladung muss Opa nicht lange warten, denn eines Freitags ist Nina selbst eingeladen, und zwar zu einem Geburtstag. Dorthin darf ich nicht mit, aber das ist nicht so schlimm. Ich muss schließlich Opa helfen. Er hat Ninas Mama versprochen, mal für sie ein

Abendessen zu machen. Und er hat mit Ninas Papa telefoniert und ihn eingeladen.

Ich habe genau aufgepasst. Opa hat beiden Eltern denselben Abend genannt. Da kann eigentlich nichts mehr schief gehen!

Am Freitagnachmittag kommen Nina und ich vom Training zurück, aber Opa ist nicht da. „Komisch", wundert sich meine Freundin. „Tut mir Leid, Einstein, dann muss ich dich allein lassen. Das Fest fängt bald an und ich will nicht zu spät kommen."

Kein Problem, solange ich in den Garten darf. Jetzt werden ja endlich die Tage wieder länger und es ist nicht mehr so kalt und verregnet. Schön ist das, wenn alles wieder grün ist!

Im Garten warte ich sehnsüchtig auf Opa. Wo steckt er denn nur? Es wird immer später und er wollte doch kochen! Wenn er nicht bald kommt, ist es bestimmt zu spät dafür, und dann geht alles schief!

Da, endlich sehe ich ihn! „Opa, hallo! Wauwauuu! Das wird auch Zeit! Schnell, schnell, in die Küche!"

„Ja, Einstein, was ist denn mit dir?", fragt Opa erstaunt. „Du willst wohl rein? Hast du vielleicht Durst?"

Wieso denn Durst? Na, wenigstens ist er da.

Ich sause an ihm vorbei in die Küche und belle aufgeregt. „Los, fang an zu kochen! Ninas Eltern kommen bald!"

„Ja, schon gut, mein Kleiner, hier kriegst du was. Ist dir das Wasser im Napf nicht mehr frisch genug? Oder hast du etwa schon Hunger?"

„Ich doch nicht! Aber Ninas Eltern! Kapiert? E-l-t-e-r-n! Du hast sie eingeladen, weißt du noch?"

Opa schüttelt den Kopf. „Du bist ja wie toll, Einstein. Ist Nina denn nicht da?"

Owau, er hat's wirklich vergessen! Ist das zu fassen? Ich laufe zu ihm, packe unten seine Hose mit den Zähnen und zerre ihn Richtung Herd. Dann renne ich durchs ganze Haus auf der Suche nach Papas altem Schlappen und Mamas Hausschuhen. Wie das letzte Mal lege ich sie auf die Stühle. Ich kläffe wie blöd. Mann, sind Menschen manchmal begriffsstutzig!

Opa schlägt sich mit der Hand an die Stirn. „Ist das etwa heute?", ächzt er. „Hundekind, das hab ich total durcheinander gebracht! Ich dachte, es wäre erst nächste Woche! Bin ich ein Schussel!"

„Ja, da hast du Recht! Los, fang an zu kochen! Wenn Ninas Mama früher kommt, beschäftige ich sie eben irgendwie!" Ich muss vor

Aufregung hecheln. Am liebsten würde ich Opa helfen und beispielsweise den Tisch decken, aber das lasse ich lieber sein. Meine Menschen mögen keine von mir angesabberten Teller, das weiß ich zufällig genau.

So muss ich abwarten, was Opa allein zustande bringt. Immerhin kocht und brodelt es bald auf dem Herd. Mein Freund hetzt in der Küche herum, als wäre er viel jünger. Er hat sich eine Schürze umgebunden und fuchtelt mit dem Kochlöffel. Laut murmelnd liest er ein Rezept aus einem Buch vor und sucht nach den Zutaten.

Töpfe, Pfannen und Schüsseln klappern und scheppern, und Opa ist geschäftig wie nie. Mehl rieselt bis zu mir herab und ich darf die Soßen vom Boden auflecken. Manchmal fällt auch was anderes runter, das probiere ich aber nicht alles. Auf dem Herd zischt und qualmt es, als irgendwas überkocht, und Opa stöhnt auf. Ich finde aber, dass es nicht schlecht riecht. Vielleicht sollte ich ihm mal beiläufig meinen Napf reichen?

Die beste Idee von allen

Opa ist gerade beim Tischdecken, als Ninas Mama heimkommt. Freudig begrüße ich sie und begleite sie stolz in die Küche. Aber was macht sie denn für ein Gesicht? Ach so, ich habe ihre Schuhe auf dem Stuhl vergessen. Na, die bringe ich ihr jetzt. Wuffje, und der alte Schlappen liegt auch noch rum. Schnell weg damit, ab ins Wohnzimmer, unters Sofa!

„Hier sieht's ja prächtig aus", stellt Ninas Mama fest.

Das ist doch ein guter Anfang! Es gefällt ihr! Aber irgendwie passt ihr Gesichtsausdruck nicht dazu, und Opas schon gleich gar nicht.

„Es tut mir Leid", sagt er, „ich hab's verschwitzt. Wenn ich etwas eher daheim gewesen wäre, hätte ich schon alles in Ordnung gebracht ... willst du nicht kurz im Wohnzimmer warten, bis ich das Chaos hier beiseite geschafft hab ..."

„Ach nein, das geht schon." Sie setzt sich an den Tisch. „Hör mal, wir hätten das auch an einem anderen Abend machen können, wenn es dir heute ungelegen kommt ..."

„Aber nein! Ganz und gar nicht! Du kennst mich doch, ich und mein Gedächtnis ... ich bringe immer alles durcheinander, aber Einstein hat mich rechtzeitig erinnert!" Opa deutet mit dem Kochlöffel auf mich und ich entgehe um Haaresbreite einer Soßenschleuder. Im Gesicht mag ich das nicht so gern, ich lecke lieber alles vom Boden auf.

Ninas Mama guckt nur und sagt nichts. „Es duftet aber erstaunlich gut", meint sie dann.

„Ich bin auch bald fertig", verspricht Opa. „Weißt du, in der Feldküche habe ich schnell zu kochen gelernt und trotzdem hat mir nie einer das Essen nachgeschmissen!"

„Bewundernswert", seufzt die Mutter. Ihr Blick fällt auf den Tisch. „Nanu, kommt Nina doch vorzeitig heim? Hat sie angerufen?"

„Nein, warum?"

„Na, weil hier drei Teller stehen ..."

Da läutet es an der Haustür. Bellend renne ich hin und winsle ungeduldig, bis Ninas Mama endlich nachkommt. Ich weiß ja, wer draußen steht.

„Vielleicht ist sie es doch!", ruft sie über die Schulter und öffnet gleichzeitig die Tür.

„Hallo, hallo!" Ich springe an Ninas Papa hoch und drehe mich dann zweimal um mich selbst. „Endlich bist du auch da!"

Ninas Mama fängt an: „Was ..."

Und Ninas Papa fährt fort: „... tust du denn hier?"

„Entschuldige bitte, ich wohne hier!", antwortet Ninas Mama scharf.

„Ja, natürlich, ich weiß. Aber ich hatte die Einladung für einen Abend bekommen, an dem ihr beide, du und Nina, weg seid ...", erwidert Ninas Papa.

„Soo? Na, dann komm mal mit in die Küche."

Uiuih, dicke Luft. Ich laufe lieber voraus und warne Opa. „Pass auf, Ärger –" Aber sie sind schon da.

„Was soll das?", verlangt Ninas Mama energisch Auskunft.

„Das interessiert mich auch", fügt Ninas Papa nicht minder streng hinzu.

Opa steht immer noch mit dem Kochlöffel da und macht ein schuldbewusstes Gesicht. „Es tut mir so Leid", murmelt er. „Ich hatte das ganz anders geplant ... aber ich hab den Tag verwechselt ... und ohne Einstein wär's ganz schief gegangen."

„Das ist es auch so", meint Ninas Mama. „Solche Überraschungen liebe ich ganz und gar nicht."

Opa deutet zum Tisch. „Setzt euch. Bitte! Das Essen ist fertig. Sogar die Kerzen hab ich schon angezündet. Die Unordnung, na ja, da schalte ich eben das Deckenlicht aus."

Er verteilt die Teller und Gläser und setzt sich mit an den Tisch. Ich bleibe in Stellung, um alles besser überschauen zu können.

„Wann begreifst du endlich, dass wir geschieden sind?", fängt Ninas Mutter wieder an. „Denkst du, mit solchen Aktionen kommen wir wieder zusammen?"

Opa holt Luft. „Besser wäre es."

„Das hatten wir doch alles schon zigmal", versetzt Ninas Papa. „Du kannst nun mal nicht für uns leben. Diese Entscheidung war die beste, sieh es doch endlich ein."

„Es geht nicht um mich, sondern um Nina", verteidigt sich Opa.

„Nina ist doch bisher ganz gut mit der Situation zurechtgekommen ...", wundert sich ihr Vater.

„Natürlich hat sie euch beide noch", bestätigt Opa. „Aber wann denn? Nina ist immer noch zu viel allein. Sie sagt es nicht dauernd, aber sie leidet sehr darunter. Warum seid ihr nie bei einem Fußballtraining dabei? Es bedeutet ihr doch so viel."

„Wir haben doch versprochen uns abzuwechseln", erinnert ihn Ninas Mama.

„Aber Nina will euch beide dort sehen, versteht ihr das nicht? Nicht abwechselnd." Opa seufzt. „Sie will euch doch zeigen, wie gut sie ist. Ihr sollt stolz auf sie sein."

„Aber das sind wir doch auch", besänftigt Ninas Papa. „Und wir sind öfter dort, wenn jeder von uns hingeht, wann er kann. Bis wir unsere Termine abgesprochen haben, ist das Schuljahr um!"

„Außerdem sind wir geschieden und das lässt sich nicht ändern", setzt Ninas Mama hinzu. „Und schon gar nicht mit Gewalt."

Jetzt habe ich's aber satt. Immer dieses Hin und Her, dabei ist bisher noch keiner von beiden zu einem Spiel gekommen, so ist das! Ich renne nach oben in Ninas Zimmer und hole ihren Fußball. Vorsichtig nehme ich ihn ins Maul, damit ich ihn nicht wieder löchrig beiße, und kehre in die Küche zurück. Ich lasse den Ball fallen, stoße mit der Pfote daran und belle dazu, so laut und auffordernd ich kann. Der Ball rollt zu Ninas Papa. Ich laufe hin und stoße ihn Richtung Ninas Mama. „Opa, erzähl ihnen von dem Freundschaftsspiel!", waffe ich. Ach so, davon kann er noch gar nichts wissen, das wurde erst heute bekannt gegeben. Wie bringe ich ihm das bei?

Moment, gibt es dazu nicht irgendein Papier? Nina hat es in der Hand gehabt, als sie's mir erzählt hat. Sie hat es ihrer Mama hingelegt und wollte mit ihr darüber sprechen, wenn sie heimkommt. Wo war das doch gleich? Ach, ich weiß, auf dem Tisch im Wohnzimmer!

Schon bin ich wieder unterwegs und bringe das Papier zu Opa.

Er liest, dann strahlt er. „Danke, Einstein!", lobt er mich und hält das Blatt hoch. „Das hier ist brandneu! Ninas Trainer hat ein Freundschaftsspiel mit einem anderen Gymnasium, das ebenfalls eine Mädchenmannschaft hat, organisiert. Es findet am Samstag vor der Zeugnisvergabe statt. Nina wird euch sicher noch eine offizielle Einladung geben. Wenigstens da solltet ihr gemeinsam hin – und samstags habt ihr keine Ausrede wegen eurer Arbeit. Außerdem ist es noch lange genug hin."

„Das war meine Idee!", kläffe ich. „Alles war meine Idee und es ist die beste überhaupt! Jetzt könnt ihr nicht mehr zurück! Bei etwas Wichtigem muss nämlich das ganze Rudel dabei sein, das ist Gesetz!"

„Ist ja schon gut, Einstein", redet Ninas Papa beruhigend auf mich ein. „Ich weiß, dass du uns alle am liebsten zusammen hast, und Nina auch. Und bei diesem wichtigen Spiel werden wir natürlich alle miteinander dabei sein! Das werde ich Nina aber noch selbst sagen."

„Und ich ebenfalls", stimmt Ninas Mama zu. „Ist doch selbstverständlich, dass wir hinkommen! Ich finde es wirklich prima, was Nina da auf die Beine gestellt hat, und ich bin sehr stolz auf sie."

„Dann solltest du ihr das sagen und zum Training kommen", schlägt Opa vor. Er wirkt erleichtert.

Und ich bin auch froh. Zum ersten Mal sitzen alle an einem Tisch, ohne dass die Fetzen fliegen. Und jetzt essen sie sogar was! Hoffentlich kommt Nina bald heim!

Und mein Wunsch geht in Erfüllung: Sie sind gerade mit dem Essen fertig, als meine Freundin hereingeschneit kommt. Sie staunt nicht schlecht, beide Eltern friedlich am Tisch zu sehen. „Was ist denn hier los?"

„Wir haben da von einem Freundschaftsspiel gehört, das wir uns anschauen wollen", antwortet ihr Vater.

„Was, wirklich?" Begeistert berichtet Nina alle Einzelheiten. „Aber woher wisst ihr das schon und wer hat euch denn überredet zusammen zu kommen?"

„Also ... eigentlich Einstein." Die Mutter deutet auf mich.

„Wow!" Nina kommt zu mir her und legt ihre Arme um mich. „Das hast du geschafft, Einstein? Du bist wirklich ein Genie!"

Ich lecke freudig ihre Hände. Bin ich froh, dass doch noch alles gut gegangen ist! Ich wünschte nur, es wäre schon so weit. Aber ich muss mich noch bis zum Sommer gedulden.

Schon wieder ein Drachen

Die Tage werden immer länger und wärmer. Einige Zeit schüttet es wieder wie aus der Gießkanne, aber eines Morgens dann scheint endlich die Sonne, und draußen zwitschern und piepsen die Flattervögel um die Wette. Sie singen wirklich gut, wenn auch der Text ziemlich zu wünschen übrig lässt: „Hier bin ich! Mein Revier! Komm her zu mir! Bleib fort!" Da soll einer draus schlau werden!

Ich tobe wie wild im Garten rum, weil ich fast platze vor Energie. Das Unterfell geht mir büschelweise aus, dauernd muss ich mich kratzen und wälzen und schütteln, dass alles nur so schlackert. Ich renne im Kreis, bis ich nicht mehr kann. Dann spiele ich mit Nina Ball und Stöckchen-Apportieren. Manchmal versteckt sie Sachen, die ich suchen soll. Viel öfter aber verstecke ich die Sachen und sie guckt sich die Augen danach aus.

Firlefanz schaut uns oben vom Zaun aus zu. Sie traut sich nicht mehr rüber, wenn ich herumtobe, weil sie Angst hat, unter meine Pfoten zu geraten und zertreten zu werden.

„Du bist ganz schön groß geworden, Fellsack!", ruft sie zu mir runter.

„Ja, ich bin jetzt ausgewachsen!", gebe ich zurück. Und schön schlank bin ich, von Babyspeck keine Spur mehr! Ich steige am Zaun hoch und unsere Nasen berühren sich fast.

Firlefanz ist leicht in Abwehrstellung und tupft mit der Samtpfote auf meine Nase. „Du, schnauf nicht so fest, du pustest mich ja noch vom Zaun!"

„Wollen wir spielen?", fordere ich sie auf. „Ich bin auch vorsichtig!"

„Was sollen wir denn spielen?"

„Fangen! Du bist!"

Ich sause davon und Firlefanz wie der Blitz hinter mir her. Sie springt mir auf den Rücken, und ich buckle, bis ich sie abgeschüttelt habe. Dann kugeln wir über den Boden. Bald ist Firlefanz wieder in ihrem Element, sie vergisst völlig den Größenunterschied und schreit nicht mal, wenn ich sie versehentlich unter mir begrabe.

Opa ist jetzt auch nicht mehr zu halten. Mit großer Begeisterung gestaltet er den Garten neu, was mir allerdings nicht recht ist. Das Buddeln und Vergraben sollte er lieber mir überlassen. Überall pflanzt er Blumen, gräbt um und wirft meine versteckten Schätze weg.

„Sag mal, Einstein, was hast du denn alles gesammelt? Einen Lappen, einen Kugelschreiber, stinkige Knochen, und da ist mein Handschuh! Den suche ich seit Monaten! Was werde ich noch alles finden, was ich schon ewig vermisse?"

Ähm ... ich glaub, ich hab da was Dringendes im Haus zu erledigen!

„Einstein, nein!", schreit mich Ninas Mama an. „Raus mit dir, du Dreckspatz!"

Spatz? Ich bin doch kein Flattervogel! Dann könnte ich fliegen und ...

„Sieh dir doch an, was du hier machst, mit deinen Pfoten! Überall schwarze Abdrücke, o nein, ich krieg die Krise! Schleich dich!"

Hui, da lauf ich lieber wieder raus. Nina geht kichernd mit mir. „Wenn Mama Frühjahrsputz macht, ist es besser, das Weite zu suchen."

Und im Garten ist es nicht minder gefährlich. „Opa, das ist mein Leiterwagen, den du da bepflanzt!", ruft Nina entsetzt. „Den wollte ich eigentlich noch benutzen ... und das ist meine Lieblingskiste, in der ich alle wichtigen Sachen aufbewahre! Warum holst du nicht was aus deinem Krempelraum?"

„Gute Idee!", strahlt Opa. „Aber ich glaube, deiner Mutter könnte das ein bisschen zu viel werden ..."

Das könnte sein. Selbst Ninas Fahrradkorb ist vor Opas Zugriff nicht sicher gewesen.

Ich schaue zu Nina hoch. „Ich glaube, wir sollten uns aus dem Staub machen", wuffe ich ihr zu.

Sie versteht mich, aber das ist in dieser Lage auch nicht schwer. „Ich glaube, da hast du Recht."

Ich hole meine Leine und Nina ihr Fahrrad, dann machen wir uns auf den Weg.

Wir fahren an den Stadtrand, von dem wir nicht weit entfernt wohnen. Dahinter fangen Felder, Wiesen und Wälder an. Es gibt viele Wege, auf denen man spazieren gehen oder Rad fahren kann, und jede Menge Freiraum für Hunde. Klarer Fall, dass wir immer vielen Menschen und Hunden begegnen.

Heute ist auf der Wiese einiges los; es geht ein angenehmer, warmer Wind und einige Kinder lassen komische Dinger in die Luft steigen. Das habe ich im Herbst schon gesehen, aber wir haben nie mitgemacht.

„O sieh mal, da ist Mick mit einem Drachen!", ruft Nina. „Komm, Einstein, fahren wir zu ihm!"

Also, ich weiß ja, dass Mick einen Drachen hat – GL. Aber hier? Noch dazu in der Luft? Das glaube ich nicht.

Nina winkt. „Hallo, Mick!"

„Hallo, Nina!" Mick winkt zurück. Dabei passt er nicht auf und sein Drachendings trudelt weit von ihm entfernt zu Boden.

Das hole ich ihm! Ich wetze zur Absturzstelle, schnappe mir das Teil und laufe hoch erhobenen Hauptes zu Mick. Ich kann eigentlich nur nach oben gucken, weil das Ding so groß und sperrig ist. Autsch, irgendwas zieht an meinen Vorderbeinen und ich komme nicht mehr weiter. Jetzt tun's die Hinterbeine auch nicht mehr. Was ist das denn?

„Mhhmfffmm", mehr bringe ich nicht heraus. Eigentlich wollte ich Nina zu Hilfe rufen. Warum lachen die denn so doof? Was ist daran komisch, wenn man nicht mehr weiterkommt, weil man gebremst wird? Was ist das nur? Es wird einfach immer enger. Vielleicht stecke ich in einem Loch fest? Ich würde ja Micks Drachen fallen lassen, aber irgendwie kriege ich das auch nicht mehr hin. Ich öffne das Maul, aber er fällt nicht raus. Verwufft noch mal, was ist denn nur los? Anstatt zu lachen, solltest du mir lieber helfen, Nina! Ich kann das leider nur denken, denn nach wie vor habe ich das sperrige Dings im Maul. „Mffgrrmbuff!"

„Warte, Einstein! Ich komme ja schon!" Micks Stimme, na endlich.

Wuffje, aber es ist zu spät! Ich kann mich nicht mehr halten! „Pluff" macht es und dann liege ich da. In einem heillosen Wirrwarr, aus dem ich aus eigener Kraft nie mehr herauskomme. Und immer noch habe ich den blöden Drachen im Maul.

Nina schnappt nach Luft. „Also Einstein, das war mit Abstand das Beste, was du je geschafft hast!"

Das war ja jetzt wohl kein Kompliment, oder?

„Du hast übersehen, dass der Drachen an einer dünnen Schnur hängt", erklärt mir Mick, als er mich erreicht hat. „Du bist beim Zurückkommen darüber gestolpert, hast dich hoffnungslos drin verheddert, und ich muss jetzt zusehen, wie ich dich da wieder rauskriege!"

Das hättest du mir auch vorher sagen können! Wie soll ich die Schnur denn sehen, wenn ich deinen blöden Drachen trage?

Als Erstes befreit Mick mich von dem Drachen und ich kann meine Beine endlich sehen. O wau, wie er das wieder hinbekommen will ... Schnur, von oben bis unten, kreuz und quer. Das hat's ja voll gebracht.

Wenigstens bequemt sich auch Nina mal her, aber sie muss noch immer lachen. „Du hättest dich sehen sollen!", kichert sie. „Zuerst bist du daherstolziert wie ein Pfau, und dann bist du das erste Mal über die Schnur gestolpert, hast dich aber wieder gefangen. Dann verfing sich die zweite Pfote, die Hinterbeine kamen durcheinander, und alles flog, dein Fell und du selbst, immer noch mit dem Drachen im Maul!"

„Und jetzt bist du gut verschnürt und versandfertig, würde ich mal so sagen", lacht auch Mick. „Ein paar Marken draufgeklebt, und wir können dich in den nächsten Briefkasten stecken!"

Sehr komisch!

Mick und Nina mühen sich gemeinsam ab, und irgendwann haben sie es geschafft, die Schnur zu entwirren, ohne sie zu zerschneiden, und Knoten sind auch keine dringeblieben. Als ich wieder frei bin, muss ich erst mal eine Runde in vollem Tempo drehen und mich ausgiebig wälzen, so sehr freue ich mich darüber. Gefesselt zu sein ist so ziemlich das Schlimmste, was ich mir vorstellen kann – auch wenn ich selbst daran schuld bin.

Jetzt haben wir aber genug Zeit, um den Drachen noch mal steigen zu lassen und ein bisschen zu spielen.

Als wir nach Hause kommen, geht die Sonne schon allmählich unter.

Ich bin unglaublich müde und freue mich auf ein Nickerchen in meinem Körbchen. Ahh, einfach alle viere lang ausstrecken ... aber was ist das? Was raschelt da so unter meinem Lieblings-Shirt? Das gibt's doch nicht, das sind irgendwelche Blumenzwiebeln!

„Opa!", belle ich.

Also, alles was recht ist, aber das geht zu weit! Eindeutig!

„Opa!", wiederhole ich. Ich schnappe mir eine Zwiebel und sause hinunter. Es ist zwar schon fast dunkel, aber er ist immer noch mit dem Beet beschäftigt. Ich lege ihm die Zwiebel vor die Füße und schaue ihn vorwurfsvoll an. „Was soll das, he?"

Opa guckt verständnislos, dann erhellt sich seine Miene. „Ja so! Nur für ein oder zwei Nächte, zum Anwärmen, Einstein. Dann treiben sie besser, weißt du."

„Nein, weiß ich nicht, und ich dulde diese Dinger nicht in meinem Körbchen! Das gehört allein mir!", kläffe ich. „Mach mit Ninas Sachen, was du willst, aber hier hört der Spaß auf!"

„Ach, beruhig dich, Hund, so schlimm ist das doch nicht!" Ungerührt buddelt er weiter.

Empört laufe ich zurück zu meinem Körbchen. Und was mache ich mit dem Rest? Einfach rausfetzen? Dann kriege ich Ärger mit Nina oder ihrer Mama, weil ich wieder alles schmutzig mache. He, ich hab's! Wenn Opas

Wohnung offen ist, verstecke ich die Dinger einfach in seinem Bett! Dann kann er mal sehen, wie das ist!

Ich nehme die nächste Zwiebel, laufe runter und sichere nach allen Seiten. Der Garten hat ja einen Ausgang zur Garage, und wenn Opa bei den Pflanzen zugange ist, ist das Türchen meistens nur angelehnt. Vorsichtig stupse ich mit der Nase dagegen. Bestens! Dann laufe ich die Treppe rauf ... ja, auch diese Tür ist nur angelehnt! Wiff, das wird ein Spaß!

Ich laufe ein paarmal hin und her, dann ist alles erledigt. Und keinen Augenblick zu früh, denn Opa ist auch gerade fertig. Ich husche zurück in mein Körbchen und schmatze zufrieden. Schade, dass ich Opas Gesicht nicht sehen kann, wenn er die Überraschung bemerkt! Aber ich bin so müde, dass mir die Augen zufallen. Was für ein toller Frühlingstag!

Idioten!

Jetzt, da die Tage länger werden, muss Nina sich nicht mehr so abhetzen nach der Schule. Das Training auf dem Sportplatz ist nun später angesetzt und so bleibt uns beiden vorher genug Zeit für uns. Manchmal macht Nina auch Hausaufgaben. Das ist eine Arbeit, die sie gar nicht mag und gern hinausschiebt. Aber ich glaube, sie ist trotzdem nicht schlecht in der Schule, zumindest erzählt sie nur von guten Noten.

Ich finde es ja nach wie vor auf dem Sportplatz am schönsten. Natürlich kennt mich inzwischen dort jeder und viele Kinder begrüßen und streicheln mich. Manchmal hat sogar jemand eine Leckerei für mich dabei. Herr Rieder ist auch immer sehr nett. Nach wie vor darf ich beim Aufwärmen mitspielen und das ist einfach das Größte. Wenn das nur Ninas Eltern sehen würden! Ich bin der einzige Hund auf dem Platz und vermutlich der einzige in unserer Gegend, der Fußball spielen kann.

Natürlich passiert manchmal noch ein klitzekleines Versehen, beispielsweise heute. Der

Ball ist mir schon ein paarmal entwischt und das will ich jetzt verhindern. Ich springe hoch in die Luft, wie es meine wilden Verwandten machen, wenn sie eine Maus fangen wollen. So ähnlich verhalten sich übrigens auch Katzen, ich habe Firlefanz mal dabei zugeschaut. So kann der Ball mir keinesfalls entkommen, auch wenn er sich bewegt! Das kann ich gut abschätzen. Zack, und mit allen vieren bin ich auf ihm drauf!

Der Ball wird ganz platt, und dann flutscht er seitlich durch meine rechte Pfote raus und hüpft wieder hoch. Nichts da, du gehörst mir! Ich patsche mit beiden Vorderpfoten ein zweites Mal auf ihn drauf und setze diesmal auch meine Krallen ein, die ich ganz tief reinbohre, damit er nicht wieder rausglitscht.

„Pffllmmpfrrrrpfff", macht es, ein bereits vertrautes Geräusch. O nein, ich habe schon wieder einen Ball kaputtgemacht! Das ist jetzt aber blöd gelaufen! Ich setze mich lieber hin und verhalte mich still.

Die Mädchen lachen natürlich, am lautesten Nina. „Du hast es wieder mal geschafft, Einstein!"

Na ja, schließlich bin ich ein Hund, oder? Ich nehme das schlaffe Teil vorsichtig zwischen die Zähne und bringe es Herrn Rieder. „Ähm ... wir brauchen Ersatz", wuffe ich.

122

Herr Rieder lacht ebenfalls. „Dank dir wird der Ballhersteller nie pleite gehen!" Wie immer hat er Ersatz dabei.

Den Rest des Spiels verbringe ich mit Zuschauen. Manchmal geht es so schnell, dass ich Mühe habe zu folgen. Vor allem das mit den Toren geht mir irgendwie noch nicht ein. Ich glaube, das verstehen ohnehin nur Eingeweihte.

Nach dem Spiel wollen die Mädchen aber noch nicht gleich vom Platz, sondern noch ein bisschen für sich allein üben, ohne Herrn Rieder.

Aber es dauert gar nicht lange, bis wieder mal Lutz mit seinen Kumpels auftaucht. Immer muss er sich einmischen! Mit GL kann er ja nicht mehr angeben, nachdem Nina ihm gesagt hat, dass sie ihn gestreichelt hat und Mick es bestätigte. Seit dieser Sache ist Mick sowieso nie mehr bei der Gruppe mit dabei, sondern kommt öfter zu Nina zum Spielen.

Aber Lutz scheint es zu ärgern, dass Mädchen Fußball spielen. Warum, weiß ich nicht.

Jedenfalls kommt er jetzt daher und nimmt meinen Freundinnen den Ball weg. „Gib ihn zurück, das ist unser Ball!", ruft Nina empört. Obwohl Lutz größer und stärker ist als sie, fürchtet sie sich kein bisschen vor ihm.

„Hol ihn dir doch!", gibt er zurück. Nina

läuft zu ihm, doch jedesmal weicht er ihr aus oder hält den Ball so hoch, dass sie nicht drankommt.

„Hör schon auf, Lutz, das ist echt blöd!", beschwert sich Karin. „Warum kannst du uns nicht einfach in Ruhe lassen?"

„Damit ihr kapiert, dass ihr hier nichts verloren habt!" Lutz bleibt stehen und lockt Nina erneut. „Los, hol ihn dir doch!"

Das wird mir zu viel. Ich schleiche mich von hinten an Lutz heran, während er Nina weiter verspottet. Er bemerkt mich nicht und auch sonst achtet niemand auf mich. Als ich ihn erreicht habe, stelle ich mich in Positur und konzentriere mich. Dann hebe ich mein Bein.

„Du bist eben doch ...", fängt Lutz gerade an, als er merkt, dass was mit seiner Hose passiert. Verdutzt schaut er nach unten und sieht mich.

Die Mädchen brechen in schallendes Gelächter aus. Nina ergreift die Gelegenheit und schlägt ihm blitzschnell den Ball aus der Hand. Aber das kümmert Lutz nicht, er ist stinksauer auf mich.

„Du verdammter Köter, das wagst du nicht noch mal!"

Ich spurte los und Lutz mit seinen sämtlichen Kumpels hinter mir her. Ich bin natürlich viel schneller als sie alle zusammen. Ich brauche mich nicht mal richtig zu beeilen. Immer weiter führe ich Lutz von meinen Freundinnen weg, während alle auf dem Sportplatz lachen.

Schließlich drehe ich um und sause pfeilschnell zu Nina zurück. Lutz ist viel zu geschafft, um noch mal den ganzen Weg zurückzurennen.

„Na warte, Rache ist Blutwurst!", ruft er mir wütend nach.

Fein! Wenn er mir mal eine mitbringt, könnten wir sogar Freunde werden, Blutwurst mag ich nämlich.

„Das geschieht dir ganz recht!", ruft Sabine schadenfroh. „Und jetzt lässt du uns hoffentlich endlich in Ruhe!"

Tut er natürlich nicht. Schon das nächste Mal kann ich sehen, wie Lutz immer in unserer Nähe herumlungert. Er wartet wohl nur darauf, dass Herr Rieder geht.

„Nina, du solltest es Herrn Rieder erzählen!", schlage ich meiner Freundin vor. „Er ist der Chef hier und hat das Sagen. Wenn er Lutz anknurrt, hat der nichts mehr zu melden."

Leider versteht sie mich nicht und Herrn Rieder kann ich es auch nicht erzählen. Warum schweigen die Mädchen? Es ist doch wichtig, dass Ruhe und Ordnung im Rudel herrscht.

125

Wer aus der Reihe tanzt, wird vom Chef auf seinen Platz verwiesen.

Nun, dann werde ich eben meine Augen offen halten und notfalls eingreifen. Gegen mich hat Lutz sowieso keine Chance.

„Was machen wir, wenn die Nervensäge wiederkommt?", fragt Sabine, als Herr Rieder sich verabschiedet hat. „Vielleicht sollten wir doch heimgehen."

„Auf keinen Fall!", widerspricht Nina. „Wir lassen uns von dem nicht vertreiben!" Ihre Augen blitzen und ihr Pferdeschwanz peitscht durch die Luft. „Wenn wir jetzt abhauen, dann hat er gewonnen und irgendwann trauen wir uns gar nicht mehr her!"

„Dieser blöde Angeber, was will der überhaupt von uns?", fragt sich Karin laut. „Er ist doch viel älter als wir."

„Ist mir piepegal", beendet Nina die Diskussion. „Wir kümmern uns nicht um ihn und machen weiter. Los, kommt schon! Einstein passt doch auf uns auf."

„Waff!" Und ob ich das tue!

Ich beobachte genau, was Lutz macht. Er und seine Freunde gehen über den Platz und pöbeln so ziemlich jeden an. Dann nehmen sie Kurs auf uns. Kurz, bevor sie da sind, legen sie ihre Sachen hin, um mehr Bewegungsfreiheit zu haben. Sehr gut!

„Na, Mädels, immer noch nicht genug?", ruft Lutz.

„O Mann, töte doch jemand anderem den Nerv!", ruft Sabine tapfer.

Inzwischen schleiche ich mich an ihre Sachen heran. Wie das letzte Mal auch beachtet mich keiner von den Jungs. Sie nehmen mich einfach nicht ernst. In diesem Fall keine schlechte Sache.

„He, warum gleich so abweisend?" Lutz hebt die Hände. „Wie wär's mit einem Spiel unter Freunden? Damit ihr mal erlebt, wie richtiger Fußball gespielt wird."

„Wenn ihr so scharf drauf seid zu verlieren, gerne", erwidert Karin.

„Habt schon verloren!", belle ich. „Lutz, schau mal!"

Er dreht sich um und sieht mich bei seiner Tasche, das Bein halb erhoben. „Geh bloß weg da, Köter! Hau ab!"

Jetzt beleidigt er mich schon zum dritten Mal mit diesem Schimpfwort. Na warte, dir werd ich's zeigen. Ich packe die Tasche und renne los, zum entgegengesetzten Ende des Platzes.

„Verdammt noch mal, ruft denn keiner dieses verrückte Vieh zurück?", schreit Lutz. „Das gibt's doch nicht, immer geht es auf mich los!"

„Das ist nun mal die Aufgabe eines Maskottchens", gibt Nina lachend zurück. „Du solltest dich lieber beeilen. Einstein hat gute Zähne und zerfetzt deine Sachen in tausend Einzelteile!"

„Nein, bloß das nicht!"

Dieser Aufschrei spornt mich erst recht an.

Diesmal laufe ich schneller, denn ich will die Tasche natürlich nicht einfach hergeben. Lutz verfolgt mich über den ganzen Platz und beschimpft seine Kumpels, dass sie zu langsam seien und nie richtig auf die Sachen aufpassen würden.

Ich halte auf ein Gebüsch am Rand des Platzes zu. Dort ist der Boden schön weich. Ich lasse die Tasche fallen und buddle, so schnell ich kann. Dann zerre ich die Tasche in die kleine Grube und schiebe die feuchte Erde mit der Nase drüber. Jetzt erst hebe ich das Bein wirklich und pinkle darauf.

Bis Lutz eintrifft, ist alles geschehen. Er kniet bei seiner Tasche nieder und schimpft und wettert, während ich zufrieden zu Nina zurücktrabe. Das wird ihm jetzt hoffentlich ein für alle Mal eine Lehre sein!

Grillen ist klasse

Ich glaube, Lutz hat es endlich kapiert. Seit der Sache mit der Tasche traut er sich nicht mehr so recht zu uns her. Einmal hat er noch versucht, sich an mich ranzuschleichen und mich zu treten, aber dazu muss er schon ein bisschen schneller werden. Ein kurzer Sprung zur Seite und der Tritt ging ins Leere. Aber der Schwung hat immerhin ausgereicht, um ihn aus dem Gleichgewicht zu bringen. Plumps, da saß der große Held.

Seinen Kumpels wird das Spiel allmählich wohl auch zu langweilig und seine Truppe wird immer kleiner. Nachdem er sich gegen mich nicht durchsetzen konnte, ist Lutz bei den anderen sowieso unten durch.

Als es offiziell wird, dass Ninas Team eine andere Schule herausfordert, gibt es ohnehin keinen Ärger mehr. Auf einmal haben wir viel mehr Zuschauer als sonst, die uns anfeuern. Alle finden, dass Nina und ihre Freundinnen ihre Sache ganz prima machen. Warum sollten sie das auch nicht mindestens genauso gut hinbekommen wie Jungs?

Mir macht ja die Aufwärmphase viel mehr Spaß als das eigentliche Spiel, bei dem der Schiedsrichter dauernd pfeift, wenn's gerade besonders lustig zugeht. Aber das ist typisch für die Menschen: Sie können nicht einfach nur so Spaß haben, sondern müssen alles mit Regeln begrenzen. Da bin ich fast froh, dass ich nicht beim eigentlichen Spiel mitmachen muss. Da würde wohl keiner lachen, wenn ich versehentlich den Ball kaputtmache! Und so was passiert halt mal.

Immerhin haben es Ninas Eltern ein- oder zweimal geschafft, zu kommen. Trotzdem hat Nina nicht mehr viel Hoffnung, dass sie beim Endspiel auch wirklich dabei sein werden.

„Du wirst sehen, Einstein, Papa muss bestimmt dringend irgendwohin verreisen und Mama hat eine andere wichtige Einladung mit Geschäftsfreunden", vertraut sie mir an. „Wenn's drauf ankommt, gibt es immer eine Ausrede."

„Glaubst du denn, dass sie nicht kommen wollen?", frage ich sie.

„Ich weiß, dass ich ihnen wichtig bin, und sie haben mich lieb", fährt meine Freundin fort. „Aber sie glauben, ihnen entgeht was, wenn sie nicht dauernd arbeiten. Zu mir sagen sie, dass wir uns dieses Leben nur leisten können, wenn sie hart arbeiten. Aber das kann doch nicht für jeden Tag im Jahr gelten! Ich meine, es sind doch auch noch andere Sachen wichtig."

Ich merke, dass ihre Augen feucht werden. Zärtlich lecke ich ihre Wange. „Klar, Nina. Aber Hauptsache ist doch, dass sie dich lieb haben."

„Sie glauben, ohne sie geht die Welt unter", schluchzt Nina. „Und sie meinen, für mich bleibe immer noch genug Zeit übrig – später mal. Weil ich ihnen nicht weglaufe und warten kann. Aber ich brauche sie doch jetzt!" Sie schlingt ihre Arme um mich. „Wenigstens hab ich dich und Opa. Ich wüsste gar nicht, was ich ohne euch tun sollte!"

Opa ist schon häufig als Zuschauer dabei gewesen und hat Nina viele Ratschläge gegeben. Er kennt sich gut aus mit dem Sport, glaube ich. Er hat mir erzählt, dass er auch öfter zu Pferderennen geht. Das finde ich nicht sehr interessant, weil ich da nicht mitmachen kann.

Ninas Mama findet uns, als Nina gerade in Tränen aufgelöst ist. Sie ist ganz erschrocken und nimmt sie in die Arme. „Ist etwas geschehen?"

„Nein, es ist schon alles gut", erwidert Nina. „Es ist nur – bestimmt kommt wieder was dazwischen bei Papa und dir, wenn mein Fußballspiel ist."

„Aber Nina, wir haben es beide versprochen, und das werden wir auch halten", sagt die Mama.

„Das habt ihr schon öfter gesagt ...", murmelt Nina.

„Ja, ich weiß. Es tut mir auch Leid, irgendwie ist alles nicht so gelaufen, wie wir es geplant hatten. Aber wir sind eben auch nur Menschen, Nina, und es ist nicht leicht, erwachsen zu sein, Verantwortung zu tragen. Manchmal fällt man Entscheidungen, die nicht richtig sind. Aber wir versuchen es wieder gutzumachen. Wir haben dich nämlich beide sehr lieb. Und Einstein und Opa natürlich auch. Wir sind immer noch eine Familie, auch wenn wir nicht ständig alle zusammen sein können."

Die Mama drückt Nina an sich und ich kuschle mich brummend mit dazu. Solange man kuscheln kann, ist doch alles gut!

Das schöne Wetter ist jetzt nicht mehr aufzuhalten. Es wird so warm, dass ich schon hecheln muss, bevor ich richtig draußen bin. Anders als Menschen können wir Hunde nämlich nicht über die Haut schwitzen, sondern nur über die Zunge, die Ohren und die Fußballen. Ähnlich wie Vögel hecheln wir dann, um uns Kühle zu verschaffen. Katzen machen das auch so.

Nina und ich sind jetzt viel draußen unterwegs, meistens mit dem Rad. Wir fahren zum Baden an einen kleinen See, in den auch Hunde reindürfen, oder unternehmen Ausflüge mit den Freundinnen.

Und Ninas Mama baut im Garten den Grill auf. Das ist eine ganz tolle und lecker duftende Sache! Ein Feuerchen wird gemacht und dann brutzeln oben auf dem Gitter frisches Fleisch und Würstchen ... mhmmm.

Manchmal kommen Nachbarn zu uns rüber, die dem Duft wohl auch nicht widerstehen können. Dann stehen sie um den Grill rum und schwatzen, und jeder ist gut gelaunt. Sonne und Wärme sind für die Menschen richtig gut, sie verändern sie völlig. Im Herbst und Winter habe ich sie draußen meistens in Eile oder mit schlechter Laune erlebt, aber jetzt ist alles anders – eine Spur gemächlicher.

Nina und ihre Freundinnen treffen sich fast jeden Tag; an den Grilltagen bekomme auch ich Besuch – meistens von Tapsi, mit dem ich mich gut verstehe, und natürlich von Firlefanz. Sie wartet immer ab, bis die Menschen einigermaßen satt und zufrieden sind und auch wir Hunde unseren Teil abbekommen haben und keine Lust auf ein Jagdspiel haben. Dann schleicht sie auf Samtpfoten herbei und umschmeichelt die Menschen, bis sie ebenfalls etwas bekommt.

Tapsi hat beim ersten Mal versucht sie wegzujagen, aber nur einmal! Schließlich ist sie eine Freundin und in meinem Garten bin ich der Herr und bestimme, wer kommen darf!

Firlefanz hockte mit dickem Schwanz im Busch und fauchte fürchterlich. „Halt mir bloß diesen Deppen vom Leib!"

„Ha-ha-hatschi", machte Tapsi. Firlefanz hatte ihm auf die Nase gehauen, bevor sie im Busch verschwand. „Wollte doch bloß spielen!", schnüffelte er.

„Komische Art von Jagdspiel", gab Firlefanz zurück. „Typisch Fellsack!"

„Bin kein Fellsack!"

„Biste doch!"

„Bin ich nicht!"

„Dann eben Quetschnase!"

„Du bist gemein!"

„Nein, ich bin Firlefanz!"

„Trotzdem biste gemein!"

„Und du 'ne Quetschnase!"

Ich ließ die beiden allein, denn mir war klar, dass sie von jetzt ab gut miteinander zurechtkommen würden. Firlefanz' Fell war auch schon gar nicht mehr gesträubt.

Tapsi steckt ja voller Energie, obwohl er viel älter ist als ich. Wir Golden Retriever spielen zwar gern, aber normalerweise sind wir als Erwachsene ruhigere Zeitgenossen. Boxer aber springen immer herum und wollen toben, bis sie umfallen. Wenn es zu heiß ist, wird mir das mit meinem dichten, langen Fell aber zu anstrengend. Dann ist der kurzhaarige Tapsi froh, wenn Firlefanz vorbeikommt, und die beiden sind inzwischen wirklich gute Freunde geworden. Sie veranstalten den größten Blödsinn, während ich alles als Rudelchef beobachte und darauf achte, dass nicht übertrieben wird.

Und das Ganze hat auch für mich einen großen Vorteil: Die beiden lenken die Menschen vom Grill ab. Das ist meine Chance! Auch wenn ich jetzt groß bin, kann ich mich immer noch gut anschleichen. Der heiße Grill stört mich nicht, ich muss nur schnell sein.

Wenn niemand herschaut, schnappe ich mit spitzen Zähnen einfach das erstbeste Stück Fleisch oder Wurst, werfe es ein Stück entfernt ins Gras, damit es sich abkühlt, und kauere mich hin. Niemand merkt, was gerade passiert ist. Wenn zufällig doch einer herschaut, liege ich ganz harmlos da.

Aber nur wenige Augenblicke später flitze ich mit meiner Beute zu einem Busch davon und schmause. Wenn Tapsi und Firlefanz das mitbekommen, gebe ich ihnen natürlich etwas ab. Sonst wollen sie mich nämlich verpetzen, das haben sie mir angedroht.

Ninas Mama hat mich trotzdem mal beim

Anschleichen beobachtet, ohne dass ich es zuerst gemerkt habe. Sie hat sich nicht eingemischt, um zu sehen, was passiert.

Erst, als wir dann alle drei unser Beutestück futterten, lachte sie laut auf und erzählte den anderen von meinem Streich.

Ich wurde natürlich wieder für meine Klugheit bewundert. Aber seither klappt der Trick leider nicht mehr ganz so gut. Jeder bewacht sein Fleisch scharf, damit ich mich nicht darüber hermache.

Jetzt wo es warm ist, gehen wir manchmal auch mit Mick und seinem grünen Leguan spazieren. GL trägt tatsächlich ein Führgeschirr in Hasengröße, und Mick geht ganz selbstverständlich mit ihm raus auf die Straße. Sie wohnen am Stadtrand, da gibt es auch eine Wiese und Bäume. So richtig an der Leine gehen kann GL ja nicht, meistens sitzt er nur da, und wenn Mick dann lange genug an der Leine zieht, rast er plötzlich los. Nach ein paar Metern aber sitzt er wieder stocksteif da und lässt sich von der Sonne wärmen. Ein richtiger Spaziergang ist das eigentlich nicht, aber wir haben ja Zeit. Nina und ich spielen auf der Wiese, während Mick auf den nächsten Sprung von GL wartet. Wenn er dann endlich auf der Wiese angekommen ist, haut er alles an Grünzeug in sich rein, was er erwischen kann.

„Wir könnten ihn doch mal als Rasenmäher bei uns im Garten einsetzen", schlägt Nina kichernd vor. „Wie ein Schaf oder 'ne Kuh. Noch ein oder zwei Kunststücke und ich könnte Eintritt verlangen wie beim Zirkus."

„GL ist beim Grasen leider nicht sehr gründlich", erwidert Mick. „Und das mit den Kunststückchen kannst du vergessen. Das bringt er überhaupt nicht. Er tut nur das, was er will."

Das ist eigentlich keine schlechte Einstellung. Andererseits, wenn man deswegen immer an der Leine gehen muss …

Lustig ist es trotzdem, weil wir natürlich ganz schön Aufsehen erregen. Die meisten Leute ekeln sich vor dem Reptil und regen sich schrecklich auf. Aber Mick ist das gewöhnt, er hört einfach nicht hin. GL ist sicher an der Leine und kann nicht weglaufen. Das wäre auch ziemlich dumm, denn wer sollte ihn dann füttern und pflegen?

Außerdem ist er wirklich ganz harmlos. Inzwischen hat er sich sogar an mich gewöhnt und faucht mich nicht mehr an, und mit dem Schwanz peitscht er auch nicht rum. Eine Unterhaltung kommt mit GL trotzdem kaum zustande. Er sieht ja toll aus und ist wirklich ganz anders. Aber er antwortet nur einsilbig auf meine Fragen und interessiert sich überhaupt nicht für mein Leben. Spielen mag er auch nicht. Für einen Hund ist so ein Leguan jedenfalls nicht der richtige Kumpel. Aber Mick und Nina verstehen sich gut, das ist die Hauptsache; wir beide, GL und ich, kommen schon irgendwie zurecht.

Mick hat auch versprochen zum großen Spiel zu kommen. Der Tag rückt ja immer näher, und die Mädchen werden zusehends nervöser, jetzt wird es „ernst"!

Opa verzweifelt gesucht!

Je weiter der Sommer voranschreitet, desto weniger Unterricht hat Nina. Das Schuljahr geht dem Ende zu und bald gibt es Zeugnisse. Dafür interessiert sie sich aber gar nicht mehr so sehr, sie hat nur noch Fußball im Kopf.

Mir wird es jetzt manchmal zu heiß zum Mitmachen, obwohl das Training in die Abendstunden verlegt wurde. Ich begleite Nina zwar, hopse aber nur kurz beim Aufwärmen mit und bleibe ansonsten bei Herrn Rieder.

Zu Hause redet Nina von nichts anderem mehr. Immer wieder erinnert sie ihre Mutter und Opa an den wichtigen Termin. Auch wenn wir bei ihrem Vater sind, spricht sie von ihrem großen Tag und davon, wie sehr sie sich freut, dass alle mit dabei sind.

In der Woche vor dem Spiel fängt es auf einmal an zu regnen. Meine Freundinnen hegen die schlimmsten Befürchtungen. Natürlich können sie in der Halle spielen, aber das ist natürlich nicht so schön wie draußen.

„Im Freien ist viel bessere Stimmung!", erklärt Nina mir. „Außerdem ist mehr Platz und es haben ziemlich viele zugesagt – es kommen ja auch noch die Anhänger der anderen Mannschaft!"

Mit ihrer Aufregung steckt sie mich allmählich an. Andererseits, was soll den schief gehen? Selbst, wenn das Wetter nicht mitspielt, fällt das Spiel doch nicht ins Wasser. Und mir kommt es nur darauf an, dass Ninas Eltern dabei sind und mal keine Gelegenheit zum Streiten haben.

Doch wie durch ein Wunder ist es am Freitag wieder schön, und Herr Rieder behauptet, dass es auch so bleiben soll. Die im Fernsehen haben das angeblich gesagt. Dann wollen wir nur hoffen, dass sie sich nicht irren!

Am Samstag in der Früh ist wirklich schönes Wetter. Nina jubelt, als sie zeitig und ohne Wecker aufwacht, und saust hinunter zum Frühstück. "Ich muss schon früh da sein, Mama. Fährst du gleich mit Einstein und mir hin?"

"Fahr nur mit Einstein voraus. Ich muss noch ein paar Sachen erledigen, Nina, aber ich werde ganz pünktlich sein, versprochen."

"Okay. Rufst du Papa noch mal an?"

"Ganz bestimmt. Er wird auch da sein, Schätzchen, verlass dich drauf. Sause nur los!"

"Ich schau aber vorher noch bei Opa vorbei, vielleicht kommt er auch gleich mit."

Nina läuft zu Opas Wohnung rüber; ich warte so lange in der Küche. Nach kurzer Zeit ist sie wieder da. „Opa ist nicht zu Hause!"

Die Mutter schaut auf. „Mir hat er nicht gesagt, dass er heute weggeht. Bist du sicher, dass er nicht schläft und dich deswegen nicht gehört hat?"

„Ich habe einen Höllenlärm gemacht, Mama, und Opa schläft doch sonst auch nicht so lange!"

„Warte mal. Ich rufe ihn an." Die Mutter geht zum Telefon. „Nein, es tut sich nichts. Gehen wir gemeinsam rüber." Diesmal gehe ich mit, und wir hämmern an die Tür und gucken durchs Seitenfenster. Schließlich sperrt die Mutter sogar mit ihrem Ersatzschlüssel auf. Aber es ist niemand da.

Nina ist zur Garage gerannt und kommt völlig aufgelöst zurück. „Sein Rad ist auch nicht da! Und wenn er sich wieder verirrt hat?", klagt sie. „Wir müssen ihn suchen!"

„Das mache ich schon", beschwichtigt die Mutter. „Fahr du lieber los!"

„Komm, Einstein." Nina läuft die Treppe runter, holt ihre Sachen und schnappt sich ihr Rad.

So schnell ist sie noch nie zum Stadion geradelt und wir kommen beide ganz abgehetzt an. Alle anderen treffen auch gerade ein und Herr Rieder ist ebenfalls schon da.

„Mein Opa ist verschwunden!", ruft Nina statt einer Begrüßung. „Helft mir, ihn zu suchen, bevor ihm was passiert! Er ist manchmal verwirrt und findet nicht mehr heim!"

„Haben wir denn noch genug Zeit?", zögert Herr Rieder. „Es gibt doch noch einiges zu besprechen ..."

„Ninas Opa ist aber wichtiger", widerspricht Karin energisch. „Außerdem darf er dieses Spiel unmöglich versäumen! Wenn wir uns beeilen, sind wir rechtzeitig wieder zurück!"

Alle holen ihre Räder. „Such Opa, Einstein! Such, such!", fordert Nina mich auf.

Was, dann bleibt alles wieder an mir hängen? Wie stellt sie sich das vor, hier gibt es keine Spur von ihm! Ich hocke mich hin und lege den Kopf schief.

„Fahren wir erst mal in die Stadt", schlägt Sabine vor. „Hast du 'ne Ahnung, wo er sein könnte?"

„Bestimmt wollte er vor dem Spiel noch schnell auf den Flohmarkt", antwortet Nina. „Vielleicht findet er aber auch den Sportplatz nicht. Ich hab Angst, dass er einen Unfall baut! Das ist mal beinah passiert!"

„Wir finden ihn schon", tröstet Karin.

Nina nimmt mich vorsorglich an die Leine, denn bald kommen wir in belebtere Gegenden. Die Gehwege werden schmaler, die Straßen breiter, die Autos zahlreicher. Es wird immer grauer, staubiger und lauter. Auf den Wegen sind viele Leute unterwegs, wahrscheinlich zum Einkaufen.

Für unsere große Gruppe ist es nicht leicht, überall durchzukommen. Ich muss ganz schön aufpassen, dicht genug bei Nina zu bleiben, damit niemand zwischen uns gerät.

Zum ersten Mal bin ich froh an der Leine zu sein. Was für eine Hektik und ein Durcheinander! Wie findet sich Nina da nur durch? Wie können Menschen überhaupt so leben? Das ist doch nicht normal!

Die Häuser rücken immer enger zusammen und werden immer höher. Wuffje, als Hund hätte man hier kein leichtes Leben! Wo gehen die denn alle Gassi? Und man kann ja kaum mehr den Himmel sehen! Also, das wäre nichts für mich, kein bisschen.

Auf den Straßen finden wir Opa nicht. Wir halten alle Ausschau, aber er ist nirgends. Auf einmal biegt Nina auf ein großes Gelände, auf dem sich die Menschen geradezu aneinander drängeln. Ich erkenne eine Unmenge Tische, voll mit Trödel, und zwischen den Reihen schieben sich die Leute durch.

Das also ist ein Flohmarkt! Und ich dachte immer, da würden Flöhe verkauft. So kann man sich täuschen. Gewundert hat es mich ja schon immer ein bisschen. Erstens hat Opa nie Flöhe mitgebracht, und zweitens hat Ninas Mama mich immer sofort mit einem ekligen Puder eingestäubt, wenn sie nur einen einzigen Floh in meinem Fell vermutete. Und zwar immer dann, wenn ich mich besonders häufig kratzte.

„Na, Einstein, hast du jetzt Angst vor Flöhen?", lacht Karin mich an, als hätte sie meine Gedanken erraten. „Flöhe, das ist wie Mücken oder Mäuse – Kleingeld. Hier gibt es Tüttelkram gegen wenig Geld. Deshalb der Name."

Hä? Flöhe ... Mücken ... Mäuse ... das sind doch alles Tiere! Was haben die mit Kleingeld zu tun? Versteh einer die Menschen! Ich kann es mir nur so zusammenreimen, dass es kleine Tiere sind. Sie sagen ja „Kleinvieh macht auch Mist" und meinen damit, dass man auch mit kleinen Dingen zu Geld kommt. Na ja. Ich kann es auf mich ummünzen, dass viele kleine Knochen mindestens genauso gut sind wie ein großer. Vielleicht sogar besser, weil ich sie an verschiedenen Stellen verstecken kann. Es ist eben alles relativ, Opa hat schon Recht.

Und jetzt sollte ich ihn endlich suchen.

Wir schwärmen aus und suchen Reihe für Reihe ab, ich mit meiner Nase, Nina und ihre Freundinnen mit den Augen. Die Leute beschweren sich ein bisschen, weil wir so wild durchsausen, aber was sollen wir machen? Wir haben ein wichtiges Spiel vor uns und Opa muss rechtzeitig her!

Schließlich treffen wir uns wieder bei den Fahrrädern.

„Er ist nicht hier", sagt Nina enttäuscht.

„Dann auf zum nächsten!", fordert Sabine auf. Sie gibt nicht so schnell auf. „Kommt schon, ihr Trantüten!"

Und weiter geht's. Meine Pfoten brennen allmählich von dem harten Asphalt, der sich allmählich durch die Sonnenwärme erhitzt. Aber ich achte nicht darauf, zuerst muss die Aufgabe erfüllt werden.

Nina weiß zum Glück, wo der nächste Flohmarkt ist – nicht weit entfernt. Es ist ein ähnlicher Platz, nur noch größer. Oh wau, da haben wir ein Stück Arbeit vor uns!

Karin schaut auf die Uhr. „Oh Mann, wir müssen uns ranhalten! Es ist höchste Zeit!"

Wieder schwärmen wir alle aus. „Such, Einstein!", drängt Nina mich.

Ich gebe wirklich mein Bestes. Ich recke die Nase in die Luft auf der Suche nach etwas Bekanntem. Ich schnuppere jeden Pfotenbreit Boden ab. Fremde Menschen, Staub, Erde, Kaugummi, Pizza, alles Mögliche erkenne ich. Aber keinen Opa. Das gibt's doch nicht!

Wir rennen über den ganzen Platz, Nina,

ihre Freundinnen und ich. Kreuz und quer, rauf und runter. Ich weiß vor lauter Schnuppern gar nicht mehr, ob ich überhaupt noch was riechen kann.

Schließlich sind wir auf dem Rückweg zu den Fahrrädern.

Halt! Ich bleibe so abrupt stehen und reiße den Kopf herum, dass Nina von dem Ruck fast umfällt. Da war doch was ... ich bin sicher! Es war nur kurz, aber es kam aus dieser Richtung!

„Einstein, hast du was gewittert?", ruft Nina aufgeregt. „Hoffentlich keine Wurst oder so was!"

Na hör mal, da hätte ich dich schon mindestens dreimal zum richtigen Stand führen können! „Wau! Wauu-uu-wuu!", gebe ich Laut. Das bedeutet: Ich habe die Spur gefunden!

„Los, Einstein!" Nina braucht mich nicht erst aufzufordern. Ich spurte los, mit meiner Freundin im Schlepptau. Leider ist sie so langsam, dass sie an der Leine hängt und mir die Luft abschnürt. Aber jetzt bin ich nicht mehr zu halten. Der Geruch wird immer deutlicher. Und dann sehe ich Opa! Er sitzt auf einer Bank und wirkt sehr nachdenklich.

„Wau-wau-wau! Opa, hallo, da bist du ja endlich!" Ich werfe ihn mit meiner Begrüßung fast um.

„Endlich, Opa!", keucht Nina. „Wir suchen dich schon die ganze Zeit!"

„Nina!", ruft Opa. „Ich weiß, ich sollte wohin ... aber mir fiel der Weg nicht ein, und ich wollte hier warten, bis ich mich wieder erinnere ..."

„Das Spiel ist heute, Opa!" Sie umarmt ihn. „Ich bin so froh, dass du hier gewartet hast und nicht einfach losgefahren bist ..."

„Das Spiel", flüstert Opa. „Ja, jetzt weiß ich es wieder! Es tut mir Leid, Nina."

„Du kannst doch nichts dafür, Opa." Nina drückt ihm einen Kuss auf die Wange.

„Wenn wir nicht gleich losfahren, findet es ohne uns statt", fügt Karin hinzu und tippt auf ihre Armbanduhr.

„Kannst du fahren, Opa? Findest du dein Rad?"

„Ja, natürlich. Ich folge dir einfach!"

„Ein Glück! Komm schnell!"

Wir hasten zurück zu den Fahrrädern. Opa mag ja im Kopf vergesslich sein, aber mit den Beinen ist er wirklich noch ganz schön schnell. Er hält gut mit unserem Tempo mit!

„Wenn wir uns jetzt nicht verfahren, schaffen wir es noch rechtzeitig!", ruft Nina.

Das hoffe ich aber auch, sonst geht mir vorher die Luft aus!

Das große Spiel

Wir laufen und radeln um die Wette. Leider hält uns der Verkehr immer wieder auf – obwohl ich ganz froh darüber bin, denn dann kann ich zwischendurch mal Luft schnappen. So eine Schinderei bei der Trockenheit und Hitze ist eindeutig nicht das Richtige für mich! Aber ich bin ja noch jung, knapp ein Jahr alt. Da halte ich das schon mal aus.

Als wir am Sportplatz ankommen, ist Herr Rieder schon in heller Aufregung. Kein Wunder, alle Plätze sind belegt, und die Mädchen von der anderen Schule sind schon auf dem Spielfeld!

„Nina, deine Eltern sind hier; ich habe ihnen Bescheid gegeben! Sie wollten abwarten, ob ihr rechtzeitig eintrefft, bevor sie was unternehmen!"

„Ein Glück", seufzt Nina. „Dann sind wir ja endlich alle zusammen."

Alle warten auf uns, viele gucken ratlos, und es ist ziemlich laut.

„Opa, geh auf die Tribüne, wir müssen gleich loslegen!", bittet Nina.

„Klar, Nina. Ich glaube, ich sehe deine Eltern! Also, viel Glück, ihr Mädchen, und macht mir keine Schande!"

Er hat immer so lustige Ausdrücke. Vielleicht erfahre ich irgendwann mal, was das bedeutet.

Die Mädchen ziehen sich in Windeseile um. Ich nutze die Gelegenheit und postiere mich am Rand. Es ist viel zu spät, mich auf die Tribüne zu bringen, und keiner hat daran gedacht, mich mit Opa zu schicken. Das ist nur gut so, dann habe ich alles im Blick und kann Herrn Rieder helfen.

Es gibt ziemlichen Jubel, als Nina und ihr Team in ihren Trikots auf das Feld laufen. Ich glaube, so richtig hat keiner mehr damit gerechnet, dass das Spiel überhaupt stattfindet. Und nur wegen Opa!

Herr Rieder pustet in die Trillerpfeife und es geht los. Ich werde mit dem Schauen gar nicht mehr fertig, mein Kopf geht so schnell hin und her, dass meine Ohren schlackern. So habe ich das ja noch nie erlebt! Die Zuschauer pfeifen und rufen und gehen richtig mit, und die Mädchen sausen nur so über das Feld. Der Ball fliegt hin und her und ich verliere völlig den Überblick. Das geht jetzt so schnell, dass ich nicht mehr mitkomme.

Herr Rieder läuft auf dem Feld mit und hat

ganz schön viel zu tun. Er fuchtelt mit den Händen, trillert und ruft dauernd irgendwas.

Hin und her geht es, und oft kommt der Ball einem Tor nahe, aber keiner brüllt „Tor". Funktioniert das etwa nicht? Bei den Übungen kam das oft vor. Eine komische Sache ist das.

Ich bin noch von der Hetzjagd vorhin ganz erschöpft und lege mich ein bisschen hin; momentan passiert sowieso immer nur dasselbe. Da kann ich genauso gut etwas dösen.

Gerade rechtzeitig zur Pause wache ich auf und begrüße Nina. Sie ist ganz außer Atem. Jede bekommt etwas zu trinken und ein Handtuch. Sie lassen sich einfach ins Gras fallen und schnappen nach Luft.

„Es ist ganz schön hart", meint Nina.

„Kein Wunder, nach dem Ausflug in die Stadt", antwortet Herr Rieder. „Aber ihr habt euch wacker geschlagen, Mädchen. Ruht euch jetzt aus, und ich sage euch, wie wir in der zweiten Halbzeit vorgehen, damit wir ein Tor schießen."

Das wird auch Zeit, finde ich.

Die Zuschauer sind etwas ruhiger geworden. Die Sonne brennt ziemlich und die meisten haben Hüte und Mützen auf. Manche fächeln sich Luft zu, aber das bringt sicher nicht viel. Mein Hecheln nützt auch so gut wie nichts.

Die Mädchen von der anderen Schule erholen sich schneller als meine Freundinnen. Sie kehren aufs Spielfeld zurück und winken uns zu. „Na kommt schon, ihr lahmen Schnecken! Jetzt zeigen wir's euch!"

Nina lacht. „Wartet nur ab!" Sie streichelt mich. „Das meinen sie natürlich nicht böse, Einstein. Bleib du nur hier und bring uns Glück."

Da bin ich ja beruhigt. Ich dachte schon, ich müsste so eine Aktion wie bei Lutz starten.

Herr Rieder trillert und es geht wieder los!

Und nicht minder schnell. Der Ball saust hin und her, fliegt durch die Luft, und ständig ist jemand da, der ihn wieder anschubst. Manchmal meine ich, sie müssten alle zusammenstoßen und übereinander fallen, aber das passiert nur ganz selten einmal zwei Mädchen. Das Spiel ist wohl doch ein bisschen komplizierter, als ich dachte.

Das kurze Nickerchen hat gereicht, dass ich jetzt mit voller Aufmerksamkeit dabei bin. Nina zählt schließlich auf mich.

Lange Zeit ändert sich nichts, immer noch schreit keiner „Tor". Was ist denn nur los? Die Mädchen haben ganz rote, verschwitzte Gesichter, aber sie laufen tapfer weiter.

„Es ist bald vorbei!", höre ich Nina zu einer Freundin rufen, als sie nahe bei mir vorbeikommt. „So ein Mist, ich habe gehofft, dass wir wenigstens ein Tor schaffen!"

„Dann strengt euch an!", kläffe ich. Ich muss mich aufsetzen, allmählich regt mich das alles auf. Was passiert eigentlich, wenn ein Tor geschossen wird? Hat Nina dann gesiegt? Werden ihre Eltern dann den Rest des Tages mit ihr verbringen – und wird dann doch alles wieder gut? Das muss einfach so sein!

Da trillert Herr Rieder wieder. „Spielende!", ruft er. „Ball zu mir!"

Na, also so geht das nicht! Er kann doch nicht einfach aufhören, wenn Nina noch kein Tor geschossen hat! Jetzt muss ich eingreifen, ob es ihm passt oder nicht!

Der Ball rollt gerade übers Feld auf Herrn Rieder zu und die Mädchen hören auf zu laufen. Das ist meine Chance!

„Wau!" Ich springe auf und renne los, damit ich den Ball rechtzeitig vor Herrn Rieder erwische.

„He?", spricht mich ein Mädchen erstaunt an, als ich an ihm vorbeifetze. „Was tust du denn hier?"

„Fußball spielen, was sonst?", jaffe ich, ohne mich umzusehen.

Herr Rieder bückt sich gerade nach dem Ball, aber da bin ich schon und stoße ihn mit der

Pfote an. Ich sehe im Vorbeiflitzen Herrn Rieders verdutztes Gesicht, dann konzentriere ich mich auf den Ball.

„Einstein!", schreit Nina.

Hoffentlich schimpft sie nicht mit mir! Immerhin ist der Ball noch ganz!

„Her zu mir! Komm!"

Wuhi, sie hat's kapiert! Wo ist sie? Ach, da hinten! In der Nähe des Tores! Na, dann bringe ich ihr doch den Ball – aber nicht mit den Zähnen. Sondern wie ich's gelernt habe!

„Einstein, Einstein!", brüllen Karin und Sabine. Sie feuern mich eindeutig an.

Ich schubse den Ball vor mir her, links, rechts.

Die Mädchen von der anderen Schule haben auf einmal erkannt, was los ist. „Nehmt ihm den Ball ab!", ruft eine.

Wuffa, vergesst es! Ich bin schneller und flinker, ihr erwischt mich nie!

Einige Zuschauer springen auf. Dann nehmen sie Karins und Sabines Ruf auf. „Einstein, Einstein! Lauf! Vorwärts, Einstein!"

Ich laufe ja schon so schnell ich kann! Aber Nina ist so weit weg und auf einmal stellen sich mir Mädchen in den Weg, die ich nicht kenne! Das sind eindeutig die Gegnerinnen! Die dürfen den Ball nicht kriegen!

Ich weiche aus, der Ball rollt immer noch vor mir her.

„Ein-stein! Klatsch-Klatsch. Ein-stein! Klatsch-Klatsch. Ein-stein!" Das klingt ja toll! Alle sind auf meiner Seite!

Na ja, nicht alle. Die Gegnerinnen rufen sich jetzt zu, wie sie mir den Weg abschneiden wollen.

Trotz des Stimmengewirrs höre ich weiterhin Ninas Stimme, die mir Kommandos gibt. „Los, Einstein, komm zum Tor! Du schaffst es!"

Inzwischen kommen aber auch alle anderen Freundinnen und behindern die Gegnerinnen. Ich habe freie Bahn!

Ja, was ist das? Da steht ja überhaupt niemand vor dem Tor!

„Oh, verflixt! Ich schaff's nicht mehr!", höre ich ein Mädchen hinter mir stöhnen. Sie hat wohl gedacht, dass das Spiel vorbei ist, aber weit gefehlt! Ätsch!

Sie rennt, so schnell sie kann. Aber Hunde sind nun mal schneller – immer. Egal, wie groß oder klein sie sind. Sie haben vier Beine.

Solange ich nur den Ball habe! Linke Pfote, rechte Pfote, und nichts verwechseln! Die Nase ist auch hilfreich. Bloß nicht zu tief senken, sonst wird unsanft gebremst!

„Los, Einstein!", brüllt Nina. „Ein kräftiger Schubs und du hast es geschafft!"

Es ist nicht mehr weit. Aber allmählich geht mir doch die Puste aus. Trotzdem nehme ich noch mal Anlauf und stoße den Ball, so fest ich kann.

„TOOOOOR!"

Sie brüllen alle so laut, dass es in meinen Ohren klingelt. Ich muss mich hinsetzen. Ich hechle so sehr, dass alles an mir fliegt. So außer Puste war ich noch nie – aber ich glaube, es hat sich gelohnt!

Meine Freundinnen, die Zuschauer, alle schnappen halb über vor Jubel. Nina umarmt mich. „Du hast gesiegt, Einstein! Hurra! Wir haben gewonnen! Jippiiii! Du bist super!"

Einstein ist der Größte

Herr Rieder kommt mit einem Wassereimer und kippt mir die Hälfte über den Kopf, bevor ich schlabbern kann. Ich saufe fast alles auf einen Sitz aus, so einen Durst habe ich. Danach fühle ich mich aber viel besser und mein Kopf wird gleich kühler. Alle meine Freundinnen streicheln mich und auch die Mädchen der anderen Mannschaft kommen her.

„Starker Auftritt!", meint eines. „Ein Hund, der Fußball spielen kann, klasse!"

Sie tätscheln und klopfen mich ebenfalls und ich sitze glücklich in der Mitte.

„Euch ist natürlich klar, dass dieses Tor nicht zählt", sagt Herr Rieder.

Was? Was hat er da gesagt? Ja, wofür hab ich denn dann diese Meisterleistung hingelegt?

„Oooch", machen Karin und Sabine wie aus einem Mund.

„Na, erstens war es nach Spielschluss und zweitens ist Einstein kein offizieller Spieler", erklärt Herr Rieder. „Es bleibt bei unentschieden. Aber darauf kommt es nicht wirklich an, meint ihr nicht?"

„Natürlich nicht!", ruft Sabine. „Einstein ist der Größte!"

Darin sind sich alle einig. „Ihr habt alle sehr gut gespielt", sagt Herr Rieder zum Abschluss. „Vielleicht können wir nächstes Schuljahr ein Rückspiel machen, was meint ihr?"

„Aber klar!", brüllen alle einträchtig und klopfen sich gegenseitig auf die Schultern.

„Komm, Einstein." Nina ruft mich bei Fuß. Als wir Richtung Tribüne gehen, brandet noch mal Beifall für mich auf. Nina winkt und ich hebe Nase und Schwanz und tänzle so elegant ich nur kann.

Dann leeren sich die Plätze schnell, die Spielerinnen gehen zu ihren Familien. Wir auch. Ninas Eltern und Opa erwarten uns schon aufgeregt. Der Vater hebt Nina hoch und wirbelt sie herum und ich werde von der Mama gedrückt.

„Das war eine ganz tolle Sache!", sagt Opa. Er wirft seine Mütze in die Luft und fängt sie wieder auf. „Seht ihr, ich hab euch doch gesagt, dass Einstein Fußball spielen kann!"

Die Mutter lacht. „Bei deinen Geschichten weiß man doch nie genau! Ich hätte es wirklich nicht für möglich gehalten!"

„Leider zählt das Tor nicht", berichtet Nina. „Dabei war es Einsteins erstes richtiges Tor überhaupt!"

„Es kommt darauf an, dass ihr Spaß am Spiel hattet – und fair gespielt habt", erwidert der Vater.

„Hallo, Nina!" Karin kommt angelaufen. „Wir gehen alle in die Sportgaststätte feiern, kommt ihr mit?"

Nina schaut ihre Eltern bittend an.

„Aber natürlich!", antworten beide.

Wuffie, zum ersten Mal sind sie sich richtig einig!

Nina schaut so glücklich wie noch nie. „Ich habe Hunger, Einstein! Du auch?"

Was für eine Frage!

Tierkinder erzählen von ihren ersten Schritten ins Leben. Aus Klein wird Groß, die erfolgreichste Rubrik unseres Magazins Tiere – Freunde fürs Leben endlich als Buchreihe. Jeder Band mit farbiger Bildstrecke und mit Tierstickern.

Tiere Freunde fürs Leben – Mira, die Heldin, Bd. 1   Tiere Freunde fürs Leben – Gib nicht auf, Max!, Bd. 3

Tiere Freunde fürs Leben – Cleos großer Sieg, Bd. 2   Tiere Freunde fürs Leben – Minka, wo bist du?, Bd. 4

Die Bücher zum beliebten Tiermagazin